AF599599

CATARATA

ENCARNA NICOLÁS

Catedrática de Historia Contemporánea en la Universidad de Murcia. Es autora de la obra *La libertad encadenada. España en la dictadura franquista* (2005).

Encarna Nicolás

Breve historia de la dictadura de Franco

COLECCIÓN RELECTURAS

PRIMERA EDICIÓN: MARZO DE 2025
SEGUNDA EDICIÓN: MAYO DE 2025

FUENCARRAL, 70
28004 MADRID
TEL. 91 532 20 77
WWW.CATARATA.ORG

BREVE HISTORIA DE LA DICTADURA DE FRANCO

ISBN: 978-84-1067-254-3
DEPÓSITO LEGAL: M-4.138-2025
THEMA: NH/3MPQ-ES-A

Para Pablo, Alma y Mario

ÍNDICE

CAPÍTULO 1

FRANCO Y SU DICTADURA

Los orígenes del poder dictatorial de Franco se remontan a la Guerra Civil. Tras el fracaso del golpe del 18 de julio de 1936, los generales sublevados constituyeron la Junta de Defensa Nacional, depositaria de las potestades del Estado hasta finales de septiembre de 1936, cuando Franco aglutinó todos los poderes. El ejército sublevado sometió en bloque a Franco y con su apoyo selló el proyecto de una dictadura militar bajo su mando como generalísimo. El nombramiento de Franco fue promovido por Alfredo Kindelán, preocupado por una jefatura plural con la que difícilmente podría ganarse la guerra, y fue votado unánimemente por la Junta de Defensa, a excepción de Miguel Cabanellas, presidente de la misma, quien consideraba prematuro un mando único. De hecho, Franco alargó la guerra para que fuera indiscutible su liderazgo (Tusell, 1992).

Su ambición militar venía de lejos, de la etapa como oficial colonial en África, en donde había forjado su ideología política. Para él, el Ejército debía tener el máximo protagonismo en el futuro político de España. No había sido un cadete brillante, pero obtuvo varios premios por su estrategia en los combates de guerrilla contra los indígenas. En 1926, a los 33 años, alcanzó el rango de general por sus acciones militares al frente del Tercio de Extranjeros —la Legión— contra los independentistas del Rif (Marruecos). Al año siguiente, fue director de la Academia General Militar de Zaragoza, donde ejerció una rigurosa gestión ordenancista en la formación de los cadetes (Preston, 1994).

Con la victoria en la Guerra Civil, Franco reunió en su persona la jefatura del Gobierno y la del Estado, y permitió una farsa a través de la denominada democracia orgánica, en la que la separación de poderes ni siquiera guardaba las apariencias. Tanto el Consejo de Ministros como las Cortes y los Tribunales de Justicia estaban sometidos al arbitraje del jefe del Estado. Ministros, procuradores y jueces fueron cooptados de los grupos dirigentes. Falange, el Ejército y la Iglesia se tornaron en imprescindibles canteras de provisión de cuadros. La lealtad era esencial, por lo que siempre se rodeó de personas de toda confianza (Nicolás Franco, Serrano Suñer o Carrero Blanco) en las que se apoyaba para ejercer el poder. Hasta 1945, los militares ocuparon cargos ministeriales en un 45,9 por ciento del total, y los falangistas en un 37,9 por ciento. Franco mantuvo un equilibrio entre falangistas, militares y católicos. De hecho, según Javier Tusell, desplegó con habilidad el arbitraje entre los distintos grupos, y los relevos ministeriales eran el momento culminante. Sin embargo, el colectivo militar estuvo siempre presente en las distintas esferas del Estado y contaminó la vida pública por una militarización difusa.

La nueva imagen que Franco quiso mostrar a los aliados vencedores en la Segunda Guerra Mundial dio protagonismo político en el Consejo de Ministros a dirigentes de la Asociación Católica Nacional de Propagandistas (ACNP). El más destacado fue Alberto Martín Artajo, contrario al uso de los símbolos fascistas. A su vez, fue promulgado el Fuero de los Españoles el 17 de julio de 1945, cuyo artículo 25 podía suspender los derechos temporalmente en momentos de "extremo peligro", si el jefe del Estado así lo consideraba.

El 17 de julio de 1942, Franco anunció la creación de las Cortes, un sucedáneo de poder legislativo. En España, las aparentes consultas populares se redujeron a la elección de los representantes del tercio familiar en los ayuntamientos a partir de 1948 y en las Cortes desde 1967, siempre sin libertad de partidos ni de expresión, solo como votaciones encauzadas. A los que se añaden los referendos de 1947 y 1966, dos ejemplos de ficción plebiscitaria. La Administración de Justicia limitó sus competencias, al prevalecer las de jurisdicciones especiales, y la más importante, la jurisdicción militar, estuvo vigente hasta 1963 como la principal jurisdicción represora.

Franco prohibió las organizaciones políticas, unió la Falange y la Comunión Tradicionalista en abril de 1937 y asumió personalmente la jefatura de la nueva entidad. La Falange desempeñó un papel importante en la represión de la disidencia, pero también en el mantenimiento de la dominación social, económica y política de la dictadura a través del sindicalismo vertical, de la Sección Femenina y de las instituciones juveniles. La Falange se hacía notar en la vida cotidiana. Aparecía en los desfiles de "productores" y en los actos festivos; en la prensa; en el símbolo del yugo y las flechas, colocado hasta en los pueblos más remotos; en las figuras de Franco y José Antonio estampadas en las paredes y los nombres de tantas calles; en los locales de Auxilio Social, de la Sección Femenina, de la Organización Sindical y del Frente de Juventudes; en las fachadas de los recintos feriales.

El control de la sociedad fue coordinado sistemáticamente desde los Gobiernos Civiles, que se marcaban como objetivo prioritario vigilar el orden público, acudiendo a la fuerza cuando lo veían amenazado. Durante el primer año de la posguerra, la indisciplina en que se encontraban las provincias y la corrupción hicieron difícil encontrar a personas aptas para desempeñar cargos municipales, cuya función esencial consistía en controlar el orden público, razón por la cual los ceses de alcaldes y concejales fueron muy abundantes.

LA POLÍTICA EXTERIOR

Una vez acabada la guerra, el objetivo fundamental de la política exterior fue conseguir el reconocimiento del nuevo régimen. Franco desempeñó un gran protagonismo en la acción exterior, caracterizada por el inestable panorama de la Segunda Guerra Mundial. La actitud del Gobierno respecto a la contienda derivó unas veces hacia una neutralidad ambigua y otras hacia una no beligerancia. El Gobierno español declaró su neutralidad nada más iniciarse el conflicto mundial, aunque se trataba de una neutralidad "forzada" por la coyuntura de crisis económica. El propio general Kindelán, en nombre del Consejo Superior del Ejército, esgrimiría tal argumento en marzo de 1940 para justificar la no entrada en el conflicto. A fin de cuentas, esta neutralidad no deseada reportó un balance a favor del régimen, al obtener el reconocimiento francés y británico de la integridad territorial en caso de que se extendiese la guerra. Ello coincidió, además, con el cierre de acuerdos comerciales con Francia y Portugal.

Tras la ocupación alemana de Francia, a comienzos del verano de 1940, la postura española viró hacia la no beligerancia en el conflicto. Las crecientes actitudes germanófilas incitaban a la entrada en la guerra. Se produjo el encuentro de Franco y Hitler en Hendaya, el 23 de octubre de 1940. El jefe del Estado español se comprometería a aceptar un pacto bélico si Hitler accedía a las reivindicaciones territoriales españolas (Gibraltar, el Marruecos francés, la parte española de Argelia, Río de Oro y Guinea Ecuatorial) y al envío de suministros militares y víveres. La entrega de estos territorios a España hubiera ocasionado una grave fricción en el seno del Eje, sobre todo con Italia y con la Francia de Vichy, que le interesaba más a Alemania. Aunque Hitler no accedió a las peticiones españolas, se firmó un protocolo secreto mediante el cual España se comprometía a adherirse al pacto Tripartito (Alemania, Italia y Japón) y a entrar en la guerra contra Gran Bretaña en fecha que determinaría el Gobierno español. Sin embargo, la propaganda por un lado y la historiografía favorable al régimen por otro mistificaron la imagen de Franco como el general que había sido "capaz de decir no" a Hitler. La afinidad con el fascismo se reforzó a través de la amistad trabada entre Serrano Suñer y el conde Ciano, responsable de la política exterior italiana. Por otro lado, Gran Bretaña trató de que la identificación española con los países fascistas se debilitase, y entregó cuantiosas subvenciones a destacados militares españoles para reforzar su neutralidad, además de firmar un acuerdo económico en abril de 1941.

Pero con la invasión alemana de la Unión Soviética en junio de 1941 se impulsó la demanda falangista, que buscaba un alineamiento más directo con el Eje. La astucia diplomática de Franco desvió el enfrentamiento directo con el régimen soviético mediante una División Azul, formada por voluntarios falangistas, para luchar junto al ejército alemán en el frente ruso. El mando de esta División recayó en el general Agustín Muñoz Grandes. Una vez abierto en cada ciudad española el banderín de enganche, se alistaron más de 18.000 voluntarios entre el 27 de junio y el 2 de julio de 1941. El apoyo de la División Azul se justificó en la continuidad de una línea de actuación anticomunista del régimen, que atribuía la culpabilidad de todos sus males a Rusia —"Rusia es culpable", había gritado Serrano Suñer—, sobre la que era lícito proyectar la prolongación de la "cruzada española", como se denominaba a la Guerra Civil. Tras recibir el entrenamiento en Alemania, la División Azul tardó en llegar al frente casi un mes y medio, haciendo la mayor parte del trayecto a pie. Cuando pensaban que iban a llegar frente a Moscú, fueron desviados al frente norte, hacia la bloqueada Leningrado. La División Azul combatió en el frente ruso de octubre de 1941 a octubre de 1943, en calidad de 250 División de Infantería de la Wehrmacht. Durante esos años, y en distintos reemplazos, fueron a la Unión Soviética cerca de 40.000 españoles. En su vertiente económica, la División Azul fue un instrumento cancelador de la deuda que España había contraído con Alemania durante la Guerra Civil; fue una iniciativa muy gravosa para la débil hacienda española (Moreno Juliá, 2004). Las presiones de Estados Unidos y Gran Bretaña a través de sus respectivos embajadores que se entrevistaron con Franco culminaron en la retirada que este decidió el 24 de septiembre de 1943, si bien fueron los alemanes los que dieron la orden de retirada definitiva del frente de la División Azul, el 12 de octubre de 1943. Se mantuvo una Legión Española de Voluntarios, también conocida como Legión Azul, incorporada a la 141 División alemana, hasta que, finalmente, el 27 de enero de 1944 comenzó la retirada hacia Luga, que también se hizo a pie a causa de la destrucción de la línea ferroviaria. El balance de víctimas de la aventura fascista fue catastrófico: en torno a 25.500 divisionarios, es decir, el 56 por ciento del total, perdieron la vida, la salud o la libertad. La repatriación de prisioneros no se hizo hasta 1954, tras la llegada al puerto de Barcelona del Semíramis, procedente de Odessa, cargado con 286 españoles y unos pocos exiliados republicanos. Precisamente, en la Unión Soviética, los miembros de la División Azul coincidieron con muchos españoles republicanos (adultos y "niños de la guerra"), como participantes en el Ejército Rojo, en la guerrilla, incluso algunos se quedaron a vivir en la Unión Soviética y se casaron con "niñas", igualmente exiliadas desde que fueron todos acogidos durante la Guerra Civil por distintos países (Francia, Bélgica, Inglaterra y la Unión Soviética). También coincidieron unos y otros en los campos del Gulag, acusados de actitudes "antisoviéticas" (González y Nicolás, 2016).

El nombramiento de Francisco Gómez-Jordana para el Ministerio de Asuntos Exteriores, tras el cese de Serrano Suñer en septiembre de 1942, imprimió un nuevo giro a la política exterior española, aunque hasta bien entrado el año 1944 los aliados no lograron que España redujese las exportaciones de wolframio a Alemania, lo cual se negoció mediante la firma de un acuerdo secreto que incluía otras tareas de colaboración entre España, Estados Unidos y Gran Bretaña. Tras la muerte de Gómez-Jordana, en agosto de 1944, fue nombrado José Félix de Lequerica, muy cercano ideológicamente al fascismo cuando había sido embajador en la Francia de Vichy, una persona con gran capacidad de adaptación para seguir las directrices de Franco.

La "cuestión española" fue abordada en la Conferencia de Potsdam, donde los aliados acordaron que en la comunidad internacional no había sitio para un Gobierno fascista. El nombramiento de Martín Artajo, procedente del sector católico, como nuevo ministro de Asuntos Exteriores, no detuvo el cerco internacional. La Asamblea General de Naciones Unidas, de 12 de diciembre de 1946, aprobó la resolución que recomendaba la retirada de embajadores en Madrid. El régimen de Franco fue calificado de fascista y, por tanto, se prohibió su acceso a los organismos internacionales de la ONU. Se rompieron las relaciones diplomáticas, excepto con el Vaticano, Portugal y Suiza. Las sanciones diplomáticas de la Asamblea fueron apoyadas por la mayoría de los Estados latinoamericanos, a excepción de Argentina, El Salvador y la República Dominicana. Perón firmó un convenio comercial con España mediante el cual se acordaba, el 30 de abril de 1946, otorgar al Gobierno español 30 millones de pesos para que pudiera comprar grano argentino. Tras el primer envío, el Gobierno español pudo incrementar la asignación diaria de pan de 150 a 250 gramos por persona, una medida de gran efecto propagandístico. En abril de 1948 los acuerdos anteriores se ratificaron en el Protocolo Franco-Perón, un "salvavidas" para el régimen, ya que habían fracasado las gestiones indirectas para que España fuera incluida en el Plan Marshall. La decisión de Truman de oponerse a tal propuesta fue decisiva para la exclusión.

Por otro lado, España se había convertido en refugio de militantes fascistas, nazis y colaboracionistas huidos de la persecución en sus países tras ser derrotados en la Segunda Guerra Mundial. Las embajadas de Londres y Washington insistieron en averiguar el número de alemanes residentes en España, una cifra que estimaban entre los 8.000 y los 15.000. El Ministerio de Gobernación contestó que eran unos 7.829. Algunos se integraron en la propia estructura franquista, como Walter Mosig o Karle Bömelburg, que pasaron de dirigentes en la Gestapo a asesores de la policía política de Franco. El belga Léon Degrelle fue uno de los refugiados más comprometidos con las causas del fascismo y la extrema derecha (Rodríguez Jiménez, 2024).

Sin embargo, la Guerra Fría, que se abrió con el bloqueo de Berlín impuesto por los soviéticos al resto de los aliados, disiparía el cerco internacional. Franco mostró sus méritos como luchador frente al comunismo desde la Guerra Civil. La reapertura de la frontera francesa, cerrada durante casi dos años, se produjo en febrero de 1948. En la sesión del 4 de noviembre de 1950, las Naciones Unidas levantaron el veto al régimen de Franco, revocaron la retirada de embajadores y dieron el consentimiento para su entrada en los organismos internacionales. España se incorporó a la FAO en 1950 y a la OMS y la UNESCO en 1952. El reconocimiento exterior se alcanzaría con los acuerdos de septiembre de 1953 firmados con Estados Unidos, los cuales supusieron una merma de la soberanía nacional, aceptada en cláusulas secretas del pacto.

LA REPRESIÓN Y EL EXILIO

La represión se activó desde el inicio de la Guerra Civil y adoptó primero la forma de una violencia arbitraria e incontrolada que, posteriormente, se transformó en una legislación coercitiva, como la Ley de Responsabilidades Políticas y la de Depuración de Funcionarios (9 y 10 de febrero de 1939, respectivamente).

Era delito: la afiliación política o sindical, haber desempeñado un cargo público y, por supuesto, las agresiones a personas de derechas. La mayoría de las sentencias condenatorias se concentraron en el periodo anterior a 1942, fecha en que se reforma la ley. Existían tres condiciones para el inicio de un expediente de responsabilidad política: la de haber sido condenado por la jurisdicción militar, por denuncia escrita y firmada de cualquier persona natural o jurídica y por iniciativa de las autoridades militares, civiles, policiales y Guardia Civil. Se constituían los Tribunales Regionales, formados por tres miembros: un jefe del Ejército, que actuaba de presidente, un juez y un abogado, militante de Falange. La ley preveía, además de la cárcel, otros tipos de sanción: separación total o parcial de la actividad profesional, distintos grados de limitación de residencia y sanciones económicas muy variables que podían llegar hasta la confiscación de bienes. La ley fue suprimida en 1945, si bien la vigencia de la Comisión Liquidadora de Responsabilidades Políticas se alargó hasta 1966. La ley tenía un carácter retroactivo que permitía a los tribunales su aplicación desde octubre de 1934. Y en ella no cabían excepciones, como evidencia la contundente redacción de su artículo 46: "Ni el fallecimiento, ni la ausencia, ni la incomparecencia del presunto responsable detendrá la tramitación ni el fallo del expediente".

Ley de Depuración de Funcionarios tenía como objetivo comprobar el comportamiento de los funcionarios y, por tanto, para expedientar a los que habían aceptado el Gobierno republicano. En cada ministerio se crearon comisiones de depuración para investigar la conducta de sus empleados en relación con el Movimiento Nacional. Estaban presididas por jueces instructores, que reclamaban la obligatoriedad de la declaración jurada, un requisito imprescindible para poder ser incluido en la revisión de las nóminas para cobrar el sueldo. A la declaración había que adjuntar dos avales de personas que certificaran la veracidad de las 32 respuestas que se solicitaban en el interrogatorio. La pregunta número 24 exigía una enumeración de los nombres de "los izquierdistas de su departamento", con lo que se apremiaba a los funcionarios a que denunciaran a sus propios compañeros de trabajo. Se invitaba a ejercer la delación, a fin de obtener la colaboración ciudadana.

La administración de justicia militar se reforzó: los españoles derrotados pasaron a ser rebeldes, y su delito adquirió la categoría de rebelión militar, por lo que los acusados comparecieron en consejos de guerra sumarísimos. En el verano de 1939, se constituyeron diez auditorías bajo la responsabilidad de generales o gobernadores militares especiales para agilizar el proceso represivo. A pesar de las estimaciones estadísticas, hasta 1939 la dictadura española se sitúa como una de las más duras entre las europeas, comparada con las cifras equivalentes de la Alemania nazi e Italia (Gómez Bravo, 2020).

No había ninguna intención de perdonar a nadie que hubiera estado ligado, directa o indirectamente, al Gobierno republicano. Las cárceles se llenaron de presos y, cuando faltó espacio, se recurrió a recintos religiosos y a campos de concentración. Entre marzo y diciembre de 1939 casi se triplicó la cifra de presos, en más de 270.000, según el Ministerio de Justicia en 1940. Para acoger las oleadas de prisioneros que iban generando las operaciones bélicas se fueron creando campos de concentración. Las cifras aportadas por Javier Rodrigo (2003) oscilan entre 150 y 188 campos, por los que pasaron hasta marzo de 1939 un mínimo de 367.000 prisioneros. En los campos fueron fusilados arbitrariamente presos, aunque muchos murieron a consecuencia de la tortura, de hambre y de enfermedades. Las enfermedades y el hambre, que ya hacían estragos en el exterior, se multiplicaban en las cárceles, especialmente el paludismo, el tifus exantemático, las enfermedades mentales, la tuberculosis, etc. Todos los testimonios de los campos —entre ellos el del historiador Manuel Tuñón de Lara, internado en el campo provisional de Albatera— recuerdan con dolor y emoción las penalidades y sufrimientos durante el tiempo que estuvieron en ellos. No solo el régimen nazi explotó a sus prisioneros, también la dictadura franquista sacó provecho del trabajo de los vencidos. En 1948, en el destacamento penal de Cuelgamuros para construir el monasterio del Valle de los Caídos trabajaban casi como esclavos unos 200 presidiarios, entre presos políticos y comunes. Sánchez-Albornoz ha dejado un testimonio personal e ilustrativo de lo que supuso el trabajo forzado y las ventajas para el régimen:

> El Estado alquilaba mano de obra a un módico precio, pero con una ganancia neta. La empresa reducía los costes laborales y aumentaba otro tanto lo beneficios. El trabajo forzado de los presos representó para las empresas constructoras del franquismo una tosca fuente de acumulación de capital. [...] De las diez pesetas con cincuenta céntimos diarias cobradas, dos reales iban a parar a una cartilla abierta a nombre del penado, cuyo monto recibía el interesado al ser licenciado. [...] Al cobrar el alquiler de un preso, el Estado se resarcía del gasto en que incurría en sustentar al preso. En esto el encierro del adversario la salía gratis (Sánchez-Albornoz, 2003: 13).

No es posible aún un balance total del número de ejecuciones llevadas a cabo por la dictadura franquista, que oscila entre 100.000 (Juliá, 2000) y 141.000 víctimas (Prada Rodríguez, 2010). Las ejecuciones se aplicaron con especial contumacia contra el ámbito anarquista, ya que entre los ejecutados predominaron los militantes libertarios. La pena máxima se dictaba con escasa o nula deliberación, y sin la menor garantía procesal para un juicio justo. Según la información de más de un centenar de historiadores, las víctimas mortales de la represión franquista llegaron a la cifra de 130.199, y 49.272 de la represión republicana (Espinosa, 2010). Sin embargo, en estas cifras no están incluidos buena parte de los llamados desaparecidos, así como las víctimas mortales que ocurrieron en las cárceles. En términos redondos, las actualizaciones producidas posteriormente nos aproximan a unas 45.000-50.000 víctimas posteriores a 1939 y unas 140.000-150.000 entre 1939 y 1948 (Martínez Ovejero, 2015).

Hay que recurrir a investigaciones locales para observar la represión que sufrieron las mujeres a causa de la invisibilidad documental. Según Martínez Ovejero, en la Región de Murcia las víctimas mortales ascienden a 1.063, 853 fusiladas por sentencia en tribunales militares, 137 ejecutadas en Cataluña y 73 en otros lugares; las víctimas fallecidas en prisión, en torno a las 1.000. Si se suman los muertos en los campos de concentración franceses, en ciudades norteafricanas o los muertos en Mauthausen-Gusen, que son 240, el número de víctimas murcianas alcanzaría la cifra de 2.500 personas (Martínez Ovejero, 2023). En el análisis de estos datos se confirma el carácter familiar de la represión franquista. Especial atención merece el caso de una concejala de Caravaca, de 27 años, casada, con cuatro hijos, condenada a la pena de muerte estando embarazada de su última hija. Fue ejecutada en octubre de 1940, poco después de dar a luz. Unos meses antes había sido fusilado su marido, alcalde de la ciudad. Muchas de estas mujeres entraron en prisión por decisión del gobernador civil, con amplias competencias en orden público.

En los primeros momentos se reservaba a los falangistas y a la Guardia Civil el trabajo de las ejecuciones junto a los muros de los cementerios, en la cuneta de cualquier camino, en fosas aún por descubrir y excavar. La Falange participó con gran entusiasmo en la tarea represiva a través de la Milicia y de los Servicios de Información e Investigación, que se creaban hasta en los pueblos más pequeños. Fue tal la dedicación invertida en estas actividades de control que las máximas jerarquías del partido tuvieron que recordar a sus militantes, en el verano de 1942, que en la doctrina falangista había otros objetivos que los meramente coercitivos. Sin embargo, esta labor policíaca continuó con eficacia hasta 1945. Según datos elaborados por la propia Guardia Civil, entre 1940 y 1943, este cuerpo realizó una media de 60.000 detenciones al año y unos 900.000 informes anuales, que habían sido solicitados previamente por las autoridades. Que la labor de conducción de presos fue igualmente intensa lo demuestra el hecho de que la Benemérita trasladara una media de 270.000 detenidos al año.

Fueron importantes las desapariciones infantiles que siguieron a la separación de los niños de sus madres encarceladas cuando cumplían cuatro años. Son los "niños perdidos", en cuanto que *pérdida* significa la desaparición del derecho que tenían a ser formados por sus padres, que perdieron a su vez el derecho de criarlos. En 1943, el número de hijos de presos bajo la tutela del Estado alcanzó la cifra de 12.042. Entre 1944 y 1954, el Patronato de San Pablo, creado por el Ministerio de Justicia en 1943, gestionó el ingreso de 30.960 niños tutelados por el Estado y los distribuyó por 258 centros (Vinyes, Armengou y Belis, 2002).

El temor de reingresar en prisión caracterizó la vida de los presos en libertad vigilada. A partir de 1943, la vigilancia adoptó la cara paternalista a través de las Juntas de Libertad Vigilada que se constituyeron en cada localidad, con una doble función: tutelar desde el juzgado la vida de los penados y velar por la seguridad del Estado.

Conforme avanzaban las tropas franquistas hacia la conquista de todo el territorio, una parte de la población civil y militar republicanas se vio obligada a exiliarse. El gran éxodo ocurrió entre enero y primeros de febrero de 1939, tras la derrota del frente catalán y la huida en masa hacia Francia. En torno a 465.000 personas huyeron de España, de las cuales unas 170.000 eran civiles. A ellos es preciso agregar a los cerca de 15.000 españoles que se dirigieron, tras la caída de la zona centro-sur, a las posesiones francesas del norte de África, principalmente a Argelia. El Gobierno francés afrontó el problema, forzando los retornos a España, las migraciones a terceros países e internando a un elevado número de exiliados en improvisados campos de concentración ubicados en la zona del Mediodía francés y en la franja costera del departamento de los Pirineos Orientales. Tampoco faltaron las prisiones y campos disciplinarios como el castillo-fortaleza de Collioure o el campo de Le Vernet d'Ariège, al que fueron trasladados, entre otros, los componentes de la 26 División (antigua Columna Durruti). Pero a finales de 1939 habían regresado a España la mitad de los huidos a Francia, según datos de las autoridades francesas, que daban un saldo de 140.000. La diplomacia española envió a todos los consulados un cartel-manifiesto para que fuera fijado en los campos de refugiados, en el que se invitaba y animaba a los refugiados a volver a España para evitar los peligros de la guerra, ya que, según el embajador Lequerica, "no había represión en España" (Nicolás, 2005).

Otros países europeos dieron asilo a los republicanos españoles. Los más relevantes fueron Reino Unido y la Unión Soviética. A la Unión Soviética habían llegado entre 1937 y 1938 cerca de 3.000 niños que fueron alojados en internados de distintas ciudades. El número total de emigrados en Rusia, a finales de 1939, era próximo a las 4.300 personas (Alted Vigil, Nicolás Marín y González Martell, 1999). Por su parte, Gran Bretaña acogió unos 4.000 niños vascos. Entre los republicanos exiliados hay que mencionar al poeta Luis Cernuda o a Juan Negrín, el último presidente de la República, que proporcionó ayuda económica para la creación del Instituto Español de Londres, de corta vida (1944-1950), aunque con una intensa labor cultural.

Entre 1936 y 1950, el presidente de México, Lázaro Cárdenas, acogió a cerca de 21.000 españoles (en 1937, los 456 "niños de Morelia") y favoreció la creación de la Casa de España, embrión del futuro Colegio de México. Fue en este país donde se inició la reconstrucción de los órganos de gobierno y de las estructuras orgánicas de partidos políticos y grupos sindicales en el exilio. Sin embargo, los republicanos españoles trasladaron al exilio las discrepancias generadas durante la guerra, entre las que destacó el enfrentamiento personal entre dirigentes tan importantes como Juan Negrín, el último presidente republicano, e Indalecio Prieto, que estaba apoyado por la Diputación Permanente de las Cortes. Mariano Ruiz-Funes, catedrático de Derecho Penal y ministro de Agricultura y Justicia en 1936, medió continuamente en la disputa entre los dirigentes exiliados, hasta su muerte en 1953 (Gracia Arce, 2014). Esta disputa se plasmó en la existencia de dos organismos de ayuda a los republicanos españoles: el Servicio de Evacuación de Refugiados Españoles (SERE) y la Junta de Auxilio a los Republicanos Españoles (JARE). Sin embargo, a pesar de algunas enconadas disputas, en 1943 casi todos los partidos republicanos exiliados en México establecieron un pacto de unidad para restaurar la Segunda República a través de un Gobierno republicano que desarrolló su actividad en México hasta 1977 (Alted, 2005).

El estallido de la Segunda Guerra Mundial afectó profundamente a los exiliados españoles, sobre todo a los internados en los campos de concentración franceses. Se les instó a incorporarse a diversas unidades del ejército francés que componían los Batallones de Marcha. La firma del armisticio entre Francia y Alemania en junio de 1940 contribuyó a que la mayor parte de los españoles fueran hechos prisioneros. En los primeros momentos, en la Francia de Vichy del mariscal Pétain, se les volvió a recluir en los campos, mientras que en la zona ocupada fueron deportados a Alemania. Muchos de estos españoles, más de 8.000, fueron a parar a los campos de exterminio, en especial a Mauthausen, y solo 3.000 de ellos lograron sobrevivir.

LA IGLESIA Y FRANCO

Para la jerarquía eclesiástica española la rebelión militar había sido providencial y la guerra "un plebiscito armado", términos explícitos en la "Carta colectiva del Episcopado español a los obispos del mundo entero", firmada por 48 obispos el 1 de julio de 1937. Un año antes, el cardenal Enrique Pla y Deniel había calificado la guerra de "cruzada por la religión, por la patria y por la civilización". Una estrecha colaboración entre el Estado y la Iglesia se entabló durante la posguerra para sanear una sociedad civil que había sido perturbada en sus esencias culturales y religiosas durante la experiencia republicana. De este modo se forjó el fenómeno que se conoce como nacionalcatolicismo. La jerarquía eclesiástica había asumido que se trataba de una dictadura "por la gracia de Dios" (Pérez Ledesma, 1994). El comportamiento de la jerarquía eclesiástica fue denunciado por el cardenal Vidal i Barraquer, uno de los tres obispos que se habían abstenido de firmar el documento colectivo del episcopado español de 1937. Esta actitud del cardenal Vidal i Barraquer le valdría la negativa constante de Franco a su petición de regresar a España al término de la guerra, por lo que murió en el exilio.

En todas las diócesis volvieron a publicarse los *Boletines eclesiásticos*, todos ellos con un saludo que celebraba la victoria del régimen franquista. En él se repetían las frases más relevantes del mensaje radiofónico que el papa Pío XII había dirigido a los españoles al acabar la guerra: "Dios también nos ha deparado un Caudillo insigne y singular que ha sabido recoger los anhelos del sano pueblo español con las dos notas características de su nobilísimo espíritu, que son la generosidad y la franqueza [...] en defensa de los ideales de la fe y la civilización cristiana".

Pla y Deniel mantuvo su defensa de la guerra como cruzada hasta su muerte en 1968. En 1941 ocupó la vacante de Toledo, tras el fallecimiento de Gomá, y fue nombrado cardenal en 1946, cargo que simultaneó con los de procurador en las Cortes y consejero de Estado. Otros obispos que no llegaron a cardenal fueron tanto o más combativos a favor del régimen. Es el caso del titular de la diócesis de Cartagena y administrador apostólico de la de Barcelona, Miguel de los Santos Díaz y Gómara. Cuando se reincorporó a su sede se presentó a sus diocesanos como un luchador y vencedor de la Guerra Civil, lo cual estaba en consonancia con la intensa campaña en favor del Movimiento Nacional que desarrolló en agosto de 1937 en Paraguay, Uruguay y Argentina, a donde había sido enviado por el cardenal primado, en representación del episcopado español, para asistir al Congreso Eucarístico Nacional de Paraguay. En la administración apostólica de la diócesis de Barcelona, que desempeñó hasta 1944, realizó una intensa campaña para eliminar el catalán de la labor pastoral. Una de sus primeras actuaciones al tomar posesión en 1939 fue la prohibición de las homilías en catalán, suprimiendo la naturaleza bilingüe de la hoja diocesana.

En suma, los obispos atendieron las sugerencias y quejas de las autoridades de tal modo que el obispado actuaba como una plataforma más del inmenso aparato burocrático creado por el régimen. La jerarquía eclesiástica fue decisiva en la selección de personas para ocupar puestos de responsabilidad. Durante los primeros años de la posguerra, algunos sacerdotes que atendían las prisiones realizaron con exceso de celo la tarea de administrar los sacramentos a los presos condenados a la pena de muerte. Desde las parroquias se emitían informes sobre la conducta moral de los individuos, información que se convertía en esencial para la vida de las personas informadas, sobre todo cuando se trataba de obtener la libertad vigilada o un puesto de trabajo. Los sermones de la misa de los domingos centraban la atención en la escisión de la vida, en la condena del placer carnal, con la finalidad de la reeducación moral de la sociedad. De hecho, la rama masculina de Acción Católica colaboró con la policía para vigilar la moral en espectáculos y lugares públicos, siguiendo los objetivos del Patronato de Protección a la Mujer. El colaboracionismo de los católicos con la dictadura se produjo desde los primeros momentos de su implantación, pero su presencia en el Consejo de Ministros se hizo más notable a partir de 1945. En primer lugar, fueron los católicos procedentes de la organización que había cohesionado Herrera Oria, relevados a partir de los años sesenta por cualificados profesionales militantes del Opus Dei. El Consejo Superior de Investigaciones Científicas (CSIC) fue creado por Ley de 24 de noviembre de 1939 y se encargó de organizarlo José María Albareda Herrera, miembro del Opus, que contaba con la confianza del ministro Ibáñez Martín. El Consejo pretendió cubrir todo el saber académico mediante una jerarquización ideológica en la que la teología católica pasaba a ser la materia científica por excelencia.

Sin embargo, paradójicamente, fue la militancia seglar especializada, encabezada por los movimientos obreros, la que hizo posible el despertar y la consiguiente ruptura del nacionalcatolicismo. La consigna jerárquica para la creación de la Hermandad Obrera de Acción Católica (HOAC) en 1946 fue doble: evangelizar el mundo obrero y dotar a la Iglesia española de unas organizaciones que en el futuro pudieran convertirse en la base de un posible partido democratacristiano (López García, 1995). La creación del periódico *¡Tú!*, en noviembre de 1946, supuso un giro de la organización obrera. El tono reivindicativo del periódico se hizo patente en su apoyo de las huelgas de Barcelona de 1951 y, a partir de esta fecha, comenzaron los conflictos con el poder civil y con el eclesiástico.

Las relaciones con el Vaticano fueron beneficiosas para el régimen de Franco, aunque la ambigüedad del Vaticano durante la Guerra Civil fue un hecho patente. Al inicio del conflicto, Pío XI mostró simpatía hacia la causa de los sublevados, y su sucesor, Pío XII —cuyo pontificado se extendió desde marzo de 1939 hasta su muerte en 1958—, fue más allá de lo esperado en su decidido apoyo a la causa franquista. Por su parte, Franco, aun confesándose profundamente católico, no dudó en prohibir la difusión de las encíclicas pontificias cuando los contenidos de estas se alejaban de sus intereses ideológicos y políticos. Así, la encíclica *Mit brennender Sorge*, que condenaba al régimen nazi en 1937, no llegó a ser conocida por los católicos españoles, a los que se privaba de información acerca de la represión del nacionalsocialismo. Por el contrario, la condena del comunismo en la encíclica *Divini Redemptoris*, también de 1937, logró los principales titulares en la prensa española.

Lo cierto es que, a pesar de la empatía entre los estadistas, se tardó mucho tiempo en firmar el concordato de 1953. Estaba vigente aún el firmado en 1851, aunque a los dos años de finalizar la guerra se selló el convenio de 7 de junio de 1941, que regulaba el privilegio del jefe del Estado de presentación de obispos para las sedes episcopales vacantes. A pesar de las fricciones entre la Santa Sede y el Gobierno de Franco, el convenio quedaría integrado 12 años después en el nuevo concordato.

LA POLÍTICA ECONÓMICA DEL FRANQUISMO

La Guerra Civil había provocado que el producto per cápita fuera en 1939 alrededor de un 21 por ciento inferior al de 1935. Contando desde el final de la guerra, España tardó entre 13 y 15 años en recuperarse, a diferencia de la mayoría de los países europeos, que se recuperaron en cinco años, gracias al plan Marshall (Catalán, 2002). La escasez de reservas del Banco de España se debió al pago que el Gobierno republicano hizo a la Unión Soviética para la compra de armas; luego el mito del "oro de Moscú" fomentado por el franquismo era falso, pues el oro fue gastado en su integridad (Martín Aceña, 2001). La renta nacional de 1935 no se superó hasta 1951 y la renta per cápita, hasta 1952. España tenía en 1949, diez años después del final de la guerra, una producción similar a la de 1935. Mientras tanto, en 1950, los países europeos, que habían sufrido entre 1939-1945 mayores destrucciones en los sectores productivos, elevaron los índices de producción industrial en un 20 por ciento por encima de los de 1938. El retraso económico de los años cuarenta en España es, pues, atribuible no solo a los los desastres de la Guerra Civil, sino también a las desacertadas políticas económicas de la autarquía (Barciela, 2023).

El intervencionismo económico, al servicio de la opción aislacionista y de la política autárquica del primer franquismo, fue el eje que hizo girar la política económica del régimen, cuyas directrices normativas habían comenzado a concretarse desde 1938, a partir de la creación del Servicio Nacional de Abastecimientos y Transportes, desde la intervención del sector triguero e, incluso, de las limitaciones a la libertad de industria. A pesar de seguir el modelo del IRI italiano durante el fascismo en cuanto al protagonismo directo del Estado como inversor y empresario en la promoción de la etapa industrializadora, se pueden observar rasgos propios diferenciadores en la creación del Instituto Nacional de Industria (ley de 25 de septiembre de 1941).

El cierre de la frontera francesa en marzo de 1946 y el bloqueo acordado en la ONU se utilizaron como justificación para explicar las dificultades económicas derivadas de la política autárquica de la dictadura. Con su política exterior favorable al Eje, redujo las posibilidades de colaboración económica con las potencias aliadas, aunque siguiera comerciando con ellas. Pero el comercio con Alemania e Italia creció espectacularmente. Entre 1939 y 1944 Alemania absorbió más de una cuarta parte de la exportación española y aportó casi un 16 por ciento de las importaciones (Catalán, 1995). Uno de los minerales más demandados por la industria militar para endurecer el acero fue el wolframio; incluso, en 1944, su exportación a Alemania supuso el contingente mayor de los ingresos de la balanza comercial.

El autoritarismo político y las influencias acentuaron el fraude fiscal y la distribución desigual de la carga impositiva. El fraude a Hacienda se generalizó a causa de un sistema tributario ineficiente, lo cual colaboró en el retroceso de la modernización de la política presupuestaria. No se promovió una reforma fiscal que reforzase el papel del Estado mediante el aumento de los ingresos y mejorase los servicios básicos. Se dejó languidecer la hacienda pública en provecho del interés de los grupos dominantes, pues el sistema tributario directo no prosperó y siguió anclado en las contribuciones de producto. Atendiendo a los gastos del Estado, puede concluirse que el Presupuesto del Estado revela el mantenimiento de una Hacienda de guerra hasta 1957, porque la preocupación esencial fue rearmar al país (Comín, 2003).

INTERVENCIONISMO Y MERCADO NEGRO EN LA AGRICULTURA

En 1937 se creó el Servicio Nacional del Trigo (SNT), a fin de controlar desde el Estado todas las facetas de la producción, comercialización y consumo de trigo. Como la escasez de cereales era grave en 1939, se modificaron las normas dictadas: el SNT pagó un único precio de tasa para todas las variedades de trigo, sin considerar calidad, peso por hectólitro y emplazamiento. Esta práctica, contraria a la lógica económica, impulsó la actividad ilegal. Se consolidó un mercado negro o estraperlo que llegó a ser mayor que el mercado oficial. Entre 1939 y 1950, el mercado negro comercializó un 56,73 por ciento del trigo, frente a un 43,27 por ciento del mercado oficial. La rigidez del precio de tasa no contemplaba la existencia de malas cosechas y las alzas de precios consiguientes en un sistema capitalista normal. Los resultados fueron muy perjudiciales para la mayor parte del pueblo, sometido al régimen de racionamiento. La imposición del precio fijo de tasa motivó que la producción de los distintos cereales disminuyera respecto a los niveles prebélicos, por lo que se tuvo que recurrir a las importaciones para mantener un nivel mínimo de racionamiento: entre 1940 y 1949 España recibió de Argentina un total de más de 34 millones de Qm, el 91,4 por ciento del total importado. Sirva de ejemplo el nivel de consumo de pan, que cayó espectacularmente con relación al periodo republicano, sin que se alcanzara durante toda la década de los cuarenta el margen establecido en 1935. La desnutrición se hizo manifiesta en el tamaño de los cuerpos, consecuencia de la hambruna que se dilató con crudeza hasta 1946 (Arco Blanco, 2020). La estatura adulta, uno de los mejores registros del nivel de vida biológico y del estado nutricional de las poblaciones, disminuyó durante los primeros años de la década de 1940. En la España rural y más pobre, el deterioro se prolongó hasta finales de la década y la talla promedio alcanzada en 1936 no se recuperó hasta comienzos de la década de 1950. La desigualdad de la salud nutricional fue brutal entre ricos y pobres. En Madrid, la brecha de altura entre los barrios burgueses (Salamanca) y los barrios obreros (Vallecas) alcanzó más de tres centímetros de promedio en la década de 1940, tras los años más críticos del hambre y del constante desabastecimiento y racionamiento (Martínez Carrión, Cámara y Ramón-Muñoz, 2018).

Las plantas textiles fueron las que mayor protagonismo tuvieron durante la autarquía, especialmente la fibra del esparto. La autarquía diversificó el uso del esparto en cinco grandes direcciones: más de la mitad se utilizaba para la fabricación de pasta celulosa de las industrias papeleras, localizadas principalmente en el País Vasco y Cataluña; casi un tercio iba destinado a las industrias de saquerío —llamadas aún industrias yuteras— de Valencia, Cataluña y País Vasco, y el resto, en torno a un 15 por ciento, a las industrias de manufacturas de trenzados. Hacia 1950 se movían más de 500 millones de pesetas en la industria espartera. La población activa del sector se llegó a cifrar en 31.500 obreros, de los que el 63 por ciento estaban empleados en faenas de cuidado de montes y recolección (Marín, 2002).

La política de colonización constituye uno de los aspectos más significativos de la política agraria de la dictadura, a través del Instituto Nacional de Colonización (INC), creado en 1939 y al que se le encomendaron dos grandes líneas de actuación: la política de colonización y la política de concentración parcelaria, la cual no se concretaría legalmente hasta diciembre de 1952. Pero para tales fines no se asignó presupuesto suficiente, lo que demuestra el carácter ficticio de la política colonizadora para transformar la estructura del campo español (Barciela y López Ortiz, 2000). El Instituto desarrolló su trabajo con intensidad variable, desde su creación hasta julio de 1971. A partir de esta fecha, el Instituto de Reforma y Desarrollo Agrario (IRYDA) se ocuparía en su lugar de la política de colonización.

LA POLÍTICA INDUSTRIAL

En la estructura industrial española durante el periodo autárquico adquiere un mayor protagonismo la industria pesada. De hecho, supera con mucho a la media de la Europa de posguerra, puesto que las tasas de crecimiento de la producción de bienes de consumo eran muy bajas. La institución que se configuró como modelo del intervencionismo industrial fue el Instituto Nacional de Industria (INI), constituido en 1941. Su artífice fue Juan Antonio Suances, ministro de Industria y Comercio, marino e ingeniero de la Armada, que ocuparía la presidencia del Instituto desde su creación durante 22 años. Su gestión estuvo subordinada a la política, y esta regida por principios militares que la concibieron como un instrumento al servicio de la defensa del país. Así se explica que, en 1952, los artículos económicos básicos fueran el cemento, el acero, el carbón y la electricidad.

El INI se organizó como un *holding* de empresas con capital público y dependía directamente de la Presidencia del Gobierno. Muchas de las empresas del INI fueron declaradas "industrias de interés nacional". Tal fue el caso de Bazán, cuya actividad principal, la construcción naval de la Marina de Guerra, estuvo compartida con la construcción civil para fomentar la recuperación de la marina mercante. Las empresas del INI, amparadas por el marco proteccionista general y por sus privilegios, funcionaron al margen de la competencia internacional, sin preocuparse por los costes ni la competitividad, lo que afectaría a la industria española en general. Los comienzos del INI se encaminaron a promover la autarquía económica y desarrollar industrias clave para la defensa y la autosuficiencia nacional, con inversiones de dudosa rentabilidad, como ENCASO, que fracasó en la producción y comercialización de hidrocarburos. No obstante, el INI favoreció el desarrollo económico de la década de los cincuenta y sesenta, y aunque fuese autárquico en sus inicios, luego se convirtió en impulsor crucial con empresas como la SEAT, que fabricó el famoso utilitario 600, Hunosa, Endesa, Enagas, etc. (Martín Aceña y Comín, 1991).

EL FRACASO DE LA AUTARQUÍA

La agricultura de la década de los cuarenta cumplía con una de las funciones necesarias para el desarrollo económico: acumular recursos para financiar el proceso de crecimiento industrial. Todo ello con un costo social dramático: diez años de miseria, hambre y privaciones de la mayor parte del pueblo español, que se tradujeron en numerosas protestas sociales a principios de 1951. Era necesaria una remodelación aparente del sistema para que los mecanismos básicos de acumulación no se frenaran al disminuir el consumo de forma tan alarmante. Las reformas internas en la política económica satisfacían las presiones exteriores de Estados Unidos. La hostilidad de la mayoría de los Gobiernos occidentales hacia el régimen franquista, que se ejerció hasta el fin de la autarquía, nunca se tradujo, sin embargo, en una apertura política de la propia dictadura. En ningún momento la actitud de las democracias puso en peligro la continuidad del régimen franquista que, para el complejo juego del capitalismo, compartido por todos, no era más que una modalidad autoritaria del Estado.

La política intervencionista de la dictadura pretendió un sistema de distribución de la renta nacional que armonizase los intereses de los terratenientes y los grupos financieros e industriales, sistema que se cimentó en la congelación salarial de los trabajadores. Durante el franquismo se tejió "una red de intereses" que, por un lado, promovía el beneficio económico de los empresarios y, por otro, auspiciaba la consolidación del franquismo (Sánchez Recio, 1996). El sector bancario mantuvo una estimable connivencia con el régimen, pues mientras que en otros países de Europa occidental la banca fue nacionalizada, en España siguió siendo poderosa, ya que actuó en un marco amplio a pesar de la rigidez de la política económica (Tortella y García, 2003).

La corrupción estraperlista se extendió a toda la sociedad española, aunque es evidente que no todos los colectivos tuvieron la misma implicación (Arco, 2018). La oligarquía estraperlista la constituían grandes empresarios, financieros, los terratenientes olivareros y trigueros y los altos funcionarios de la Administración, según datos que se emitieron en informes elevados a la Secretaría General del Movimiento, que se encuentran depositados en el Archivo General de la Administración de Alcalá de Henares. Millones de españoles tenían que recurrir al mercado negro para sobrevivir, si bien algunos trataban de escalar puestos en el escalafón de la corrupción y revendían los alimentos conseguidos gracias a los antiguos servicios prestados. A menudo los traficantes utilizaban los trenes para redistribuir las mercancías, que eran arrojadas por las ventanillas antes de la llegada a las estaciones, donde se efectuaban los controles. El sistema estraperlista siguió funcionando para los grandes negocios, ya que el riesgo que entrañaba la empresa aumentó los precios. Las multas o la cárcel recayeron en los pequeños y medianos estraperlistas y en los consumidores. El estraperlo fue el sistema habitual de abastecimiento de la población, una población que odiaba al intermediario por explotador pero que, al mismo tiempo, lo necesitaba para subsistir.

En cualquier caso, y siguiendo las líneas trazadas por los investigadores económicos, tanto el comportamiento de las variables económicas como la política económica del régimen evolucionaron a lo largo de los 40 años de vigencia. Hay consenso en la existencia de tres etapas. La primera se inicia desde la guerra, se extiende en la década de los cuarenta y se caracteriza por la práctica de una política intervencionista con pretensiones autárquicas. La segunda ocupa los años cincuenta, hasta el Plan de Estabilización de 1959, y durante la misma se experimentó un crecimiento marcado por la renuncia a las medidas autárquicas. La tercera fase es la que ocupa los años sesenta hasta la desaparición de la dictadura, caracterizada por la modernización económica del país. Dicha modernización, según Barciela, debe más a las reformas liberalizadoras de finales de los cincuenta que a la planificación indicativa.

LAS CARACTERÍSTICAS DEMOGRÁFICAS

A lo largo del siglo XX la sociedad española experimentó la modernización demográfica que ya se había producido en otras naciones europeas. Entre las décadas de 1930 y 1970 la población española logró las tasas de crecimiento más elevadas del siglo, lo que se tradujo en más de 10 millones de habitantes (de 23.564.000 en 1930 a 33.823.000 en 1970). Entre 1930 y 1950 se desaceleró el ritmo de crecimiento para recuperarlo en las décadas siguientes. El aumento de la población debe atribuirse al movimiento natural, caracterizado por una débil mortalidad desde finales de los años cuarenta y una elevada natalidad hasta 1970. La dinámica se interrumpió durante los años de la Guerra Civil y la primera posguerra, un retroceso que se concreta en el aumento de la mortalidad y la caída rápida de la fecundidad. No cabe duda de que el censo de población de 1940, netamente superior al de 1930, fue manipulado para ocultar la realidad: la inclusión de personas fallecidas o exiliadas, las dobles inscripciones, incrementaron en varios cientos de miles la estadística oficial. En el periodo 1956-1970 fue cuando el crecimiento natural de la población española alcanzó, como en el resto de países europeos, su nivel máximo histórico. Lo más notable del descenso general de la mortalidad ocurrido en España en las dos décadas posteriores a la Guerra Civil fue la reducción de la mortalidad de los niños (Pérez Moreda, Reher y Sanz, 2015). Si en 1930, en torno al 78 por ciento de los nacidos llegaban a cumplir los diez años de edad, en 1960 lo hacía cerca del 95 por ciento. La esperanza de vida al nacer pasó de 47 años en los hombres y 53 en las mujeres en 1940, a 60 y 64 años en 1950, similares a los logrados en la década de 1970. Sin embargo, el tamaño de la población se vio cortado por la emigración, que adquirió su mayor dimensión en los años sesenta (Collantes y Pinilla, 2019).

De hecho, las migraciones interiores del campo a la ciudad fueron un fenómeno constante desde los primeros años del siglo XX. Este flujo migratorio de las poblaciones más reducidas en dirección a las más grandes fue relevante a la altura del año 1940, si bien el 36 por ciento de la población española todavía se concentraba en núcleos de menos de 5.000 habitantes (y un 63,7 por ciento vivía en entidades de hasta 20.000 habitantes). Barcelona y Madrid fueron desde 1940 las dos provincias que ejercieron una atracción permanente, mientras que

16 provincias perdieron población (Albacete, Almería, Ávila, Ciudad Real, Córdoba, Cuenca, Granada, Guadalajara, Huelva, Jaén, León, Lugo, Palencia, Segovia, Soria y Zamora). En los años cincuenta el saldo migratorio interregional fue de un poco más de un millón de personas, el 3,5 por ciento de la población media del periodo. Entre 1946 y 1952 la población residente en España se redujo en un cuarto de millón por la emigración, y entre 1952 y 1958 se alcanzó casi el doble de esa cifra. Ya en la década de los sesenta, el polo de atracción de los trabajadores emigrantes españoles sería la Europa desarrollada.

El coeficiente de población activa en relación con la población total experimentó una reducción en 1940, al mismo tiempo que una regresión en la distribución porcentual de los distintos sectores productivos en relación con la población total. Lo más llamativo fue el incremento en cinco puntos de la población activa agraria tras la Guerra Civil (de 45,5 en 1930 pasó a 50,5 en 1940), lo que significa un retroceso en el proceso de desarrollo industrial. Al término de 1940 se contabilizaron en España 4.800.000 activos agrícolas. Ya en el censo de 1960 se produjo una importante transferencia de mano de obra desde la agricultura a otros sectores: lo cual, junto a la provisión de capital y de alimentos, fue preciso para impulsar el desarrollo capitalista español.

LA VIDA COTIDIANA EN LA POSGUERRA

El racionamiento fue establecido en todo el territorio nacional por una Orden del Ministerio de Industria de 14 de mayo de 1939. La Comisaría General de Abastecimientos y Transporte, creada el 10 de marzo del mismo año, sería la encargada de asegurar la distribución de los artículos de consumo imprescindibles para la subsistencia. Tres meses más tarde se establecía por decreto una dieta de racionamiento de 1.265 calorías para una persona adulta, una dieta optimista que poco tuvo que ver con la realidad, pues el abastecimiento fue escaso, discontinuo en casi todos los artículos de consumo y desigual en su distribución. La calidad del pan era deficiente, ya que en su elaboración se mezclaba la harina de trigo con la de maíz, con el resultado de un pan negro y duro que apenas servía para aplacar el hambre.

La infraestructura del abastecimiento se organizó desde la Comisaría, el organismo central. En los Gobiernos Civiles se establecieron las Delegaciones Provinciales de Abastecimientos, bajo la responsabilidad del mismo gobernador civil, y en los ayuntamientos, las locales, supervisadas por los alcaldes. Durante los tres primeros años de la posguerra fueron frecuentes los informes de algunos gobernadores al ministro de Gobernación y al comisario general de Abastecimientos y Transportes acerca de la imposible subsistencia de sus provincias.

Pronto se propagaron las enfermedades contagiosas, secuelas de la insalubridad y la desnutrición. Así, el paludismo, la difteria, la fiebre tifoidea y la tuberculosis pulmonar acosaron a una población que ya de por sí estaba materialmente hundida. En los años 1940 y 1941 sobrevino la epidemia de tifus exantemático, que acabó con la vida de más de 3.000 españoles. De hecho, las Juntas de Beneficencia que se habían constituido en cada provincia y localidad se hicieron eco de las protestas por los innumerables enfermos con males infecciosos que frecuentaban los lugares públicos con perjuicio de la salud de los ciudadanos. En los archivos municipales es fácil encontrar bandos de los alcaldes en 1940 que prohibían la estancia de los enfermos contagiosos en bares y cines, así como "pulular por el centro de la población". En 1942, para contrarrestar el tracoma, enfermedad endémica en muchas poblaciones rurales, no se les ocurrió a las autoridades otra medida más barata que la de trasladar el problema al magisterio; se crearon así las llamadas "escuelas antitracomatosas", en las que los maestros se convertían también en médicos, a partir de cursos intensivos de especialización para atender a los alumnos contagiados por la enfermedad.

La pobreza fue otra lacra social durante la posguerra. Era frecuente encontrar a niños indigentes deambulando por las calles de cualquier ciudad. Para evitar la mendicidad muchas madres preferían internar a sus hijos en las Inclusas, centros de beneficencia dependientes de las Diputaciones, o en los Hogares de Auxilio Social, que tenían nombres de batallas o héroes nacionales de la Guerra Civil. Las autoridades eran muy escrupulosas en el cumplimiento de los trámites burocráticos, especialmente cuando se trataba de la atención a los huérfanos de guerra, porque debía quedar nítidamente esclarecida la causa de la orfandad a través de "certificaciones de defunción expedidas por el Juzgado Municipal, acreditativa de que la muerte del padre o encargado del menor fue por causa directamente derivada de la Revolución y de la Guerra, no admitiéndose otros documentos que les sustituyan", según oficios de los gobernadores a los alcaldes (Nicolás, 2005).

En la esfera de la explotación sexual también se establecieron clases, pues la prostitución se dividió en legal y clandestina. En España había 1.140 prostíbulos oficialmente censados en 1940. Se les llamaba "casas de tolerancia", pagaban impuestos y pasaban inspecciones, hasta la prohibición en 1956. Por tanto, la prostitución perseguida por el régimen fue la clandestina, nutrida de "mujeres caídas" (Núñez, 2003).

Las fuertes privaciones alimentarias y la prioridad de la subsistencia se tornaron en obsesión para los más desfavorecidos, hasta el punto de verse abocados a transgredir el orden establecido: delitos contra la propiedad, contra el racionamiento, delitos de índole moral, todos ellos juzgados en las Audiencias Provinciales, cuyas sentencias exponen una actitud espontánea de individuos que luchan por la supervivencia. Se observa un predominio de los delitos contra la propiedad: el 65 por ciento de los delitos son robos y hurtos, la estafa en un 10 por ciento y el resto, los daños, el incendio y el allanamiento de morada. A partir de 1941 aumentan los procesos, una vez que las Audiencias Provinciales comienzan a funcionar a pleno rendimiento tras dos años de reactivación. La respuesta a los comportamientos transgresores fue contundente: casi el 90 por ciento de los fallos son condenatorios y recaen sobre personas que carecen de antecedentes penales. La justicia ordinaria de posguerra castiga con varios meses e incluso años de prisión robos y hurtos cuya entidad no pasaría de la mera falta sancionada con una multa. El hurto de una manta en enero de 1947 condena a un joven de 20 años a dos meses de arresto mayor; a un bracero acusado de sustraer un trozo de tocino y un pedazo de pan, a seis meses de arresto mayor, y robar varias gallinas podía suponer una condena de dos años y cuatro meses de prisión. Esta actitud implacable contrasta con el tratamiento tolerante que reciben personas acomodadas económica o políticamente, cuyos sumarios fueron sobreseídos (Gómez Westermeyer, 2003).

Las tragedias cotidianas chocaban con el aire triunfal que se respiraba en los ambientes oficiales. Desde el poder se quiso imponer un nuevo estilo de vida que la propaganda falangista anunciaba con insistencia. La sociedad española tuvo que adaptarse a la contumacia de una censura oficial que manifestaba su control en la prensa diaria y en los espectáculos, en connivencia con el peso imperante de la vigilancia eclesial, que se inmiscuía en el recinto más íntimo de la pareja para controlar los "usos amorosos de la posguerra", título del ensayo de Carmen Martín Gaite.

La vigilancia de esta nueva moral fue compartida por gobernadores civiles y eclesiásticos para prohibir los bailes de Carnaval o de otras festividades, las películas con escenas "escabrosas", inspeccionar las salas de cine y los lugares oscuros en jardines para que las parejas no cometieran actos "indecorosos", obligar a cumplir las normas del buen vestir, en especial el traje de baño.

La preocupación del nuevo Estado por la mujer respondía de hecho a una actitud antifeminista, común a los regímenes fascistas (Molinero, 1998). El lugar de la mujer estaba en la casa, como núcleo de la familia unida, piedra angular de la estructura ideológica conservadora para combatir el legado republicano. El prototipo de mujer, el modelo femenino que encajaba con tan sublime misión, era presentado desde la institución educativa, los medios de comunicación y la Iglesia de la siguiente forma: debía ir convenientemente vestida, es decir, con mangas largas o al codo, sin escotes, con faldas holgadas que no señalaran los detalles del cuerpo ni acapararan atenciones indebidas. La ropa no podía ser corta y mucho menos transparentarse. Las mujeres jóvenes no debían salir solas o ir acompañadas de hombres que no fueran de la familia. Puesto que el eje de la moralidad social era la mujer, se creó una institución específica: el Patronato de Protección a la Mujer, con una junta nacional en Madrid, juntas provinciales y locales, presididas por el gobernador civil, extendidas por todo el territorio español en la primavera de 1942, y se mantuvo activo hasta la década de los ochenta, gracias a la colaboración de congregaciones religiosas que ofrecieron su infraestructura material y personal al Patronato. En sus centros fueron internadas miles de mujeres. Se construyó un discurso médico-psiquiátrico para justificar el encierro. En Sevilla, por ejemplo, había un Centro de Observación y Clasificación donde se catalogaba a las jóvenes por su "calidad moral", a través de pruebas físicas (ginecológicas) y psicológicas (test de inteligencia). Los resultados obtenidos se incluían en los expedientes de las internas, con términos como "débil mental profunda", "oligofrénica", "retrasada mental", etc. Muy pocas fueron calificadas como prostitutas. La mayoría de estas jóvenes procedían de espacios rurales pobres, eran analfabetas, con edades comprendidas entre los 16 y 21 años, fugadas del domicilio familiar, embarazadas, y se las calificaba de "niñas taradas" o "potencialmente peligrosas" (Guillén, 2020).

Los conventos que se encargaron de rehabilitar a estas jóvenes también consideradas "caídas" recibieron el apoyo de la Iglesia, la cual desempeñó una función esencial en la conformación de la vida familiar y en la orientación religiosa de la vida pública, sobre todo en el control de la moralidad.

Los homosexuales no corrieron mejor suerte. Se les aplicó la Ley de Vagos y Maleantes, sin esta connotación durante su vigencia en la Segunda República. Aproximadamente fueron detenidos unas 5.000 personas, acusadas por el delito de escándalo público (Ortiz, 2013).

LA LUCHA CONTRA EL RÉGIMEN DE FRANCO

En los primeros años de la posguerra, la oposición interior fue muy reducida, pues la dura represión de la dictadura apenas permitía actuaciones aisladas, incluso en la lucha armada. La guerrilla, el maquis, se localizó en el espacio rural y sus acciones se dirigieron sobre todo contra la Guardia Civil, que los calificó de bandoleros, ya que sus acciones se asociaban a robos y asesinatos, jamás a actividades políticas. Destacaron las agrupaciones guerrilleras de Asturias-León, la de Levante, instalada en el sistema Ibérico, y la de la Penibética-Andaluza, sin olvidar grupos muy activos en los Pirineos, en Extremadura-Montes de Toledo o la resistencia urbana en Barcelona, por ejemplo. La operación guerrillera de mayor nivel fue programada desde el exilio republicano en Francia: la invasión del Valle de Arán en octubre de 1944. Esta operación no tuvo el apoyo de la Unión Soviética ni de los dirigentes políticos comunistas. El fracaso de la invasión motivó el replanteamiento de la lucha política en el interior.

En cuanto a la oposición política, en los primeros años se sostuvo una resistencia endeble. Conforme se reconstruían las direcciones de algunos partidos políticos y sindicatos, se puso de manifiesto la división entre el exilio y la oposición interior. La colaboración con los comunistas o la fidelidad al régimen republicano fueron los temas más polémicos entre los socialistas. Por otra parte, el Partido Comunista de España (PCE), una década después de deslegitimar la lucha armada, formuló la idea de reconciliación nacional superadora de los antagonismos creados por la Guerra Civil, idea que se concretó en junio de 1956. En ese año, jóvenes procedentes de las Juventudes Socialistas Unificadas (JSU), con Santiago Carrillo y Fernando Claudín a la cabeza, se hicieron con la directiva tras la expulsión de Vicente Uribe. En junio de 1959, promovieron la convocatoria de una huelga nacional pacífica que fue un fracaso. A su vez, el movimiento libertario resurgió de forma desigual. En 1944, la Confederación Nacional del Trabajo (CNT) constituyó un comité nacional representativo, basado en la pirámide federalista típica de la estructura orgánica anarcosindicalista, si bien la división entre "puristas" y "reformistas" fue la característica tanto del interior como del exilio (Herrerín, 2004).

La actividad política antifranquista, a pesar de las diversas estrategias, careció de un análisis crítico acertado, que le impidió percibir la separación entre las distintas fracciones de la oposición y la sociedad española. Las rivalidades internas, además, no favorecieron una eficaz organización de la resistencia. La pugna mantenida entre el PCE y el Partido Socialista Unificado de Cataluña (PSUC) se produjo por el predominio centralista impuesto por la organización nacional, frente a la autonomía nacionalista anhelada por el grupo catalán (Molinero e Ysàs, 2010).

Las organizaciones sindicales fueron rápidamente desmanteladas en los centros de trabajo, en un proceso que acarreó la muerte, el exilio o la reclusión de la mayoría de sus líderes. La derrota en la guerra confinó a la clase obrera en un refugio de sometimiento y de silencio a fin de salvaguardar la propia existencia. Los obreros se tuvieron que adaptar a un régimen disciplinario que recordaba tiempos de esclavitud, y muchos fueron sancionados con el despido. Sin embargo, la protesta colectiva abrió brecha en Cataluña y Euskadi. El conflicto fabril y de transporte de 1945 en la ciudad de Barcelona es un ejemplo; pero el más significativo fue el que se desencadenó el 27 de enero de 1946 en Manresa, iniciado por los descuentos salariales efectuados con motivo de las restricciones eléctricas, y que tuvo resonancia de huelga general y logró paralizar todas las actividades de esta población catalana.

El escaso racionamiento y el descenso del poder adquisitivo motivaron la acción reivindicativa que llevó a la huelga de Bilbao del 12 de mayo de 1947, la primera convocatoria de carácter político organizada por la dirección de los partidos y sindicatos del exilio, también fracasada (González Portilla y Garmendia, 1991). En cambio, fue un éxito la huelga de los tranvías de Barcelona, en 1951, que circularon vacíos por la subida de tarifas. La represión produjo tal malestar que el Ministerio de Obras Públicas tuvo que renunciar a la subida del precio del billete y se recrudeció la persecución. Muchos obreros fueron despedidos de sus puestos de trabajo y otros fueron juzgados y condenados a años de prisión. La empresa Astilleros Euzkalduna de Bilbao fue la protagonista de otro conflicto de gran relieve, al suprimir las horas extras en el otoño de 1953. La protesta derivó hacia la reivindicación de un sueldo digno para mantener el nivel adquisitivo.

Por su parte, la protesta universitaria se inició a partir del renacimiento de la histórica Federación Universitaria Escolar (FUE) y la creación de una nueva FUE en 1946. Pero la combatividad de sus militantes poco tenía que ver con la pasividad real de los universitarios, que se limitaban a leer pintadas en el campus de la Universidad Complutense de Madrid del tipo "Por una Universidad libre", que ocasionó la detención de sus autores, Nicolás Sánchez-Albornoz y Manuel Lamana, entre otros.

CAPÍTULO 2

FRANCO, EL PRIMER 'CENTINELA DE OCCIDENTE'

La dureza de los años de posguerra se atenuó en 1952 con la supresión del racionamiento. Conforme se perfilaban estos cambios, signo de una confianza del régimen en su propia firmeza y estabilidad, la represión de la dictadura persistió, pero suavizó su intensidad y modalidad. Para salvaguardar el orden público se recurrió con frecuencia a declarar el estado de excepción. La Falange, que aún esperaba su hegemonía política en el régimen, fue desplazada por la Ley de Principios del Movimiento Nacional (1958) cuando un grupo de tecnócratas, vinculados al Opus Dei, obtuvo la confianza de Franco para sustituirla al frente de varios ministerios. Incluso su dominación en el ámbito de la Organización Sindical se vio transformada por la adopción de la negociación colectiva en el funcionamiento del sindicato vertical, la cual no fue tanto un avance en favor de los derechos obreros como una exigencia de la burguesía industrial a fin de aumentar la productividad y la rentabilidad de los negocios.

En los años cincuenta las democracias occidentales otorgaron su reconocimiento a un régimen dictatorial que solo unos años atrás había mantenido una alta complicidad con el Eje nazi-fascista. De este modo, la Guerra Fría favoreció que España quedara asociada al bloque anticomunista, gracias a los acuerdos bilaterales con Estados Unidos, sin que esa alineación entrañara transformación alguna de la ideología de Franco, que ya desde julio de 1936 se había postulado como "centinela de Occidente". Así lo manifestó en un discurso en octubre de 1953: "La batalla que nosotros hemos ganado en estos años de difícil paz, es la segunda que ganamos contra el comunismo. ¡Qué distinta sería la posición en Europa si hubiera flaqueado nuestro espíritu o hubiéramos sido vencidos!".

También en esos años se reforzaron los lazos con la Santa Sede. En agosto de 1953, en la firma del concordato se produjo el intercambio de legitimidad y privilegios entre ambas instancias. Así, el Vaticano sellaba con el pacto la legitimidad que la Iglesia española ya había otorgado al régimen desde sus orígenes; en contrapartida, esta recibía los privilegios derivados de un Estado confesional. A pesar de esta sólida alianza, con el transcurso de los años emergieron discrepancias provenientes no de la cúpula, sino siempre desde las bases de la Iglesia; estas serían, con el tiempo, una fuente de conflictos y una de las ramas de la oposición a la dictadura.

Las movilizaciones populares como el boicot a los transportes públicos, las huelgas obreras y las revueltas estudiantiles se hacen notar en la calle, aunque el peligro para la dictadura solo es tal en apariencia. La coerción franquista afectó con especial crudeza a los miembros de los grupos de oposición, de amplia diversidad ideológica, que se habían desarrollado en la clandestinidad. Conforme fue adquiriendo madurez, esta nueva oposición trató de resolver sus contradicciones, fue abandonando progresivamente los análisis simplistas sobre la supervivencia del régimen y logró una mayor conexión con las demandas reales de la sociedad.

Después de los acuerdos con Estados Unidos y el Vaticano, España ingresó en la ONU, en diciembre de 1955, gracias a que la Unión Soviética levantó su veto. Ante este acontecimiento, la reacción del Gobierno republicano en el exilio fue de dramática impotencia, y tomó forma en el comunicado hecho público para lamentar el ingreso de Franco en la ONU. A partir de entonces, el Gobierno republicano en el exilio y los partidos políticos de la oposición histórica perdieron su carácter representativo y dejaron de ser los interlocutores ante las instituciones internacionales. Sin embargo, Franco no logró la incorporación a la OTAN, aunque España ocupará un discreto, pero siempre servicial, segundo plano en el bloque occidental. Por otro lado, el diseño contradictorio de la política colonial en África noroccidental tuvo como desenlace final la pérdida de todas las posesiones españolas, a excepción de Ceuta y Melilla.

LOS ACUERDOS CON ESTADOS UNIDOS

Desde el inicio de la configuración de bloques de la Guerra Fría, el objetivo de la política exterior de Franco se dirigió a profundizar en las relaciones con la potencia más importante del mundo. El estallido de la guerra de Corea influyó en el cambio de la política estadounidense hacia el régimen español. El 16 de julio de 1951, el almirante Sherman se entrevistó con el general Franco y le prometió el envío de misiones militares y económicas, las cuales no se retrasaron a pesar de su fallecimiento una semana después. España caía así "en las garras del águila" (Viñas, 2003). Sin embargo, las negociaciones experimentaron muchos altibajos entre abril de 1952 y el 26 de septiembre de 1953, fecha de la firma de los acuerdos. A la sociedad española se le ocultaron los pactos secretos de Franco con Estados Unidos, y particularmente una cláusula secreta que modificaba la forma de activación de las bases en caso de conflicto. Las fuerzas norteamericanas podrían "hacer uso de las zonas e instalaciones situadas en territorio español, como bases de acción contra objetivos militares, en la forma que fuese necesario para la defensa de Occidente" (Viñas, 1981). El Gobierno estadounidense se reservaba la decisión sobre cuándo una agresión era "evidente" o "amenazadora" como para organizar un ataque en el que España se vería implicada de forma automática e irreversible. Sin embargo, no se aludía en absoluto a la actitud que tomarían Estados Unidos en caso de ser atacada España. Estados Unidos lograba bases aéreas (Torrejón, Morón, Zaragoza), aeronavales (Rota), con casi total libertad para su activación y para las acciones de sus militares en territorio español. Por otro lado, en secreto también, se había convenido un régimen penal y procesal de excepción, de tipo privilegiado para los norteamericanos, una quiebra de la soberanía española y una fuente de perjuicios para aquellos ciudadanos que tuvieron problemas jurídicos con estadounidenses. Se produjo un progresivo desencanto de la parte española: la cesión de soberanía quedó en evidencia cuando las bases fueron activadas en la crisis del Líbano (1958) y de los misiles cubanos (1962) o con el accidente de Palomares (1966). De esta forma, la cláusula de activación bélica no dejó al Gobierno español margen de decisión alguno durante los 17 años que estuvo vigente, es decir, hasta 1970.

LA POLÍTICA COLONIAL

Franco había pasado su juventud en los territorios coloniales en los que forjó su carrera ascendente como militar. Durante gran parte del siglo XX, la política mediterránea constituyó el mayor protagonismo de la política exterior española (Sueiro, 2003). La política colonial española a partir de 1939 está teñida de ambigüedad en las actuaciones de los altos comisarios, todos ellos militares. En 1955, la administración española aumentó la dureza de la represión para truncar las expectativas de un Marruecos independiente. Sin embargo, la decisión del Gobierno francés de conceder independencia al Marruecos bajo su protectorado, el 2 de marzo de 1956, sorprendió al Gobierno español, el cual no tuvo más remedio que seguir los pasos de Francia, una política contradictoria y poco meditada que terminaría volviéndose contra España (Vilar, 2000). La descolonización de Tarfaya e Ifni en el bienio 1957-1958 ocasionó la última guerra colonial de España, una "guerra silenciada", desconocida por la opinión pública española e insuficientemente atendida por la historiografía: el conflicto entre la guerrilla del Ejército de Liberación Nacional, ayudada por el ejército marroquí, y las tropas españolas. El conflicto concluyó en los acuerdos de Cintra de 1 de abril de 1958: España se retiraba de la antigua zona sur del Protectorado, aunque mantenía su presencia en Ifni, que se convertía en provincia española (hasta su retrocesión a Marruecos en 1969), lo mismo que el Sáhara. Mediada la década de los sesenta surgieron grupos nacionalistas que desembocarían en 1973 en el Frente Polisario. La pasividad española determinó que Marruecos tomara siempre la iniciativa en la cuestión saharaui (García, 2010).

Guinea Ecuatorial era el dominio colonial español más rentable. Desde los años cuarenta, el futuro de la colonia estuvo condicionado en gran manera por la influencia del almirante Carrero Blanco, el hombre que se convertiría en esos años en la persona de confianza de Franco. Guinea constituía, geográfica y culturalmente, un país diverso, con fuertes desequilibrios en su desarrollo económico, mayor en las islas que en el continente (Álvarez-Chillida y Nerín, 2018). En Fernando Poo (hoy Bioko) cohabitaban dos etnias: la bubi autóctona y los descendientes de los trabajadores inmigrados desde países más o menos próximos. A su vez, el pueblo fang, mayoritario en el continente, nada tenía que ver con el bubi. La actividad económica estuvo controlada hasta la descolonización por el Banco Exterior de España, el Comité Sindical del Cacao, Proguinea del Café o el Sindicato de la Madera. El malestar por el expolio contribuyó a la formación del movimiento nacionalista que hizo su aparición en 1958, contagiado por los resultados marroquíes y la lucha argelina; pero no tuvo éxito alguno, y sus líderes fueron encarcelados o tuvieron que exiliarse. Desde 1941, Carrero Blanco controló la Dirección General que administraba las colonias españolas y que fue desempeñada por el general José Díaz de Villegas, tan poco proclive a la independencia como el propio Carrero (Tusell, 1993). En el seno del Gobierno español, forzado por la ONU a partir de 1964 para que concediese completa autodeterminación al territorio, se produjeron tensiones entre Castiella y Fraga, partidarios de esa autodeterminación completa, y Carrero, que mantenía una actitud dilatoria. Así, en el verano de 1964 se aprobó una Ley de Bases de Régimen Autónomo para Guinea, que duró hasta el 12 de octubre de 1968, fecha del nacimiento de la República de Guinea Ecuatorial. El nuevo país iniciaba una historia traumática de la mano de Francisco Macías Nguema, fang de Muni y exfuncionario de la administración colonial, uno de los dictadores más crueles desde que ocupó la presidencia hasta su ejecución en 1979. En agosto de ese año, Teodoro Obiang Nguema dio un golpe de Estado y continuó el régimen dictatorial impuesto por Macías.

UN GIRO EN LA POLÍTICA ECONÓMICA

El régimen de Franco fue una dictadura de carácter militar que, en su larga duración, nunca tuvo una política contraria al sistema capitalista, no hubo un modelo económico fascista (Fontana, 1987). El fracaso de la política económica de corte autárquica y aislacionista de la larga posguerra obligó a liberalizar la economía, si bien no se consiguió de modo efectivo hasta los años sesenta. En esta transformación fue esencial la coyuntura internacional, con una fuerte expansión desde principios de los años cincuenta, con importantes consecuencias para la economía española: la emigración masiva hacia Europa, el crecimiento del turismo, el aumento progresivo de la demanda efectiva europea de productos agrarios, especialmente ligada al sector exportador de agrios, vid y olivo, productos en consonancia con la elevación del nivel de vida en Europa.

Los cambios en la política se iniciaron en 1951 y estuvieron determinados por un mayor pragmatismo ante el estancamiento en los distintos sectores económicos. Los grandes propietarios agrarios pasaron a ocupar una posición cada vez más secundaria en la cúspide económica, a favor de los grupos financieros e industriales. Desde los acuerdos de 1953, la repercusión de la ayuda estadounidense sobre la economía nacional superó en gran medida lo previsible, a pesar de su escaso volumen cuantitativo: unos 800 millones de dólares. Durante los cuatro años siguientes a la firma de los acuerdos, los capitales estadounidenses contribuyeron a financiar casi la totalidad del déficit comercial. Se pudo regularizar la compra en el extranjero de materias primas, bienes de equipo y alimentos, así como elevar las cantidades adquiridas (Nadal, Carreras y Sudrià, 1987).

Los resultados de las reformas liberalizadoras se observaron en el crecimiento del PIB por encima del 4 por ciento anual entre 1951 y 1958, y la renta por habitante se multiplicó casi por cuatro. Se estaban recuperando los niveles de las principales macromagnitudes de la preguerra. A partir de 1952, se acordó suprimir las cartillas de racionamiento y los cupos de materias primas y productos energéticos. A su vez, el índice de crecimiento industrial ascendió a un ritmo del 6,6 por ciento anual entre 1951-1955, y del 7,7 en el quinquenio siguiente, lo que posibilitó que el INI expandiera sus industrias básicas. Al hilo de ese ritmo de crecimiento, se recuperó la inversión privada y aumentaron las exportaciones. A ello contribuyeron las devaluaciones de la peseta aplicadas entre 1948 y 1951, una rebaja de la cotización de 13 pesetas por dólar a 29. En 1957 se aplicó una devaluación no declarada (42 pesetas por dólar), a fin de reajustar la paridad real de la peseta para disminuir la importación y reforzar la exportación; la reducción de la inflación, por medio de la congelación de los salarios y de los sueldos de los funcionarios de la Administración pública y de mayores restricciones en materia de política monetaria; la reforma tributaria; la reforma del mercado de crédito y la reforma del marco de negociaciones laborales. Siguiendo las directrices del Fondo Monetario Internacional y de la Organización Europea para la Cooperación Económica, el Gobierno español dirigió a dichas organizaciones un memorándum el 30 de junio de 1959 en el que se exponían las líneas estabilizadoras.

El Plan de Estabilización consistió, fundamentalmente, en la iniciación de un proceso de liberalización de la economía en relación con el exterior, y se llevó a cabo en los distintos sectores. En la industria se impulsó la competencia a pesar de la contradicción vigente del proteccionismo desempeñado por el INI. Se liberalizó el comercio exterior y la entrada de tecnologías modernas, con la reforma monetaria. A corto plazo se cumplieron los principales objetivos, de manera que el alza de los precios fue prácticamente imperceptible a lo largo de 1960. Se produjo asimismo un notable restablecimiento en la balanza de pagos y se contuvo la inflación. Sin embargo, el empresariado industrial o agrario, acostumbrado a vivir de la protección del Estado, poco competitivo, escasamente ligado a la exportación y dependiente de los favores de la Administración, se mostró contrario a las medidas liberalizadoras y a la apertura del mercado español. Los empresarios vascos y catalanes más tradicionales, que habían obtenido extraordinarios beneficios en la etapa autárquica, rechazaron el Plan de Estabilización desde su origen. Igual ocurrió con la agricultura extensiva (cereal y olivar), que se benefició hasta el final del régimen de una política proteccionista que la preservó también de los vaivenes del mercado (Cabrera y del Rey, 2002).

Los costes sociales fueron importantes, pues la recesión que siguió a las medidas estabilizadoras motivó una fuerte emigración al exterior en busca de trabajo, además de un descenso de las retribuciones salariales reales, al desaparecer o disminuir las remuneraciones complementarias del salario base, sobre todo en los sectores más afectados: minería del carbón, industria textil, metalurgia, papelera y construcción naval, donde la reducción fue de un 40 por ciento. Pero la esencia de este Plan fue la reincorporación de la economía española a la internacional, lo que se logró gracias a una doble apertura: la apertura comercial y la apertura financiera. Signo de esta política fue la supresión progresiva de comercio intervenido por el Estado: tras el Plan se elevó el porcentaje del comercio liberalizado al 33 por ciento, e iría aumentado hasta situarse en 1973 en torno al 80 por ciento (Carreras y Tafunell, 2018).

El proceso de crecimiento derivó en una mayor concentración geográfica de la capacidad productiva, de los recursos financieros, de la riqueza y del capital humano. Durante el tercer cuarto del siglo, en el que se logró un crecimiento económico espectacular y una expansión sin precedentes de la demanda laboral urbana, las migraciones internas alcanzaron tasas muy elevadas y se disparó el índice de concentración espacial de la población. Así, durante la segunda mitad del siglo XX, numerosas provincias españolas perdieron población de manera patente, mientras que otras experimentaron crecimientos acelerados (Domínguez Martín, 2002). De alguna manera, la emigración fue un aspecto más de la estabilización económica en cuanto que formaría parte de un circuito económico mediante el cual salía mano de obra, entraban mercancías e inversiones extranjeras de capital. Por otro lado, el desplazamiento en masa de la población rural repercutió en la modificación de las actividades no agrarias e impulsó la renta nacional, pero sobre todo provocó la crisis de la agricultura tradicional, al desaparecer las reservas de mano de obra en el campo.

CAMBIOS PARA UN RÉGIMEN DURADERO

En los años cincuenta, en una coyuntura internacional favorable, el régimen franquista fraguó su madurez política a través de un reajuste institucional. Al Gobierno accedieron personalidades más cualificadas profesionalmente, de modo que los ministerios responsables de la ordenación económica recibieron la aprobación de las instituciones mundiales. Otras competencias del Ejecutivo fueron desempeñadas por personalidades católicas (Martín Artajo, Castiella, Ruiz-Giménez) en puestos que preferentemente habían ocupado los falangistas. De hecho, la redefinición jurídica del propio Movimiento supuso el desplazamiento definitivo de Falange. Buen conocedor de la idiosincrasia de Franco, Carrero Blanco era el que hacía las propuestas de nombramientos. Desde 1951, Carrero pasó a ser ministro, al transformarse la Subsecretaría de la Presidencia del Gobierno al rango de ministerio. Los militares ocuparon siete carteras ministeriales de las 17 del quinto Gobierno, el Gobierno del Plan de Estabilización.

En la Organización Sindical Española (OSE) se produce la innovación fundamental: la Ley de Convenios Colectivos de abril de 1958. Esta ley establecía un tibio reconocimiento oficial de la negociación promovida por los obreros respecto a sus reivindicaciones laborales, y otorgaba a la OSE la representatividad conjunta de los obreros y los patronos frente al texto del convenio. Las autoridades franquistas convirtieron en actos propagandísticos la firma de los primeros convenios. La intervención del Ministerio de Trabajo se producía cuando no se llegaba a un acuerdo en la negociación. Entonces dictaba un laudo o norma de obligado cumplimiento (NOC), instrumento que zanjaba la situación determinando por ley las condiciones salariales que debía cumplir cada empresa en particular o sector económico en general. Las NOC se utilizaron desde 1958, pero el porcentaje de empresas y trabajadores afectados por las mismas fue sensiblemente inferior a la cuantía de convenios colectivos establecidos desde este año hasta 1972.

Así pues, pese a la contraofensiva legal representada por la promulgación de las involucionistas Ley de Orden Público (1959) y el Decreto de Represión contra el Bandidaje y el Terrorismo (1960), la autorización de la negociación colectiva fue presentada por el régimen con el sello de modernización. Pero la vía utilizada por la Organización Sindical para obtener el consenso de los trabajadores fueron las elecciones sindicales, aunque su práctica produjo la fisura más importante de la institución. A ello había colaborado la propia legislación sindical, concretamente el decreto de agosto de 1947, que instituía los jurados de empresa, si bien estos no tendrían aplicación práctica hasta 1953. Sin pretenderlo, la legislación, forzada por el activismo universitario y obrero y la racionalización económica, abría un cauce para la protesta obrera. No obstante, la nueva vía sindical había conseguido que España se reincorporara a la Organización Internacional del Trabajo en la primavera de 1956 (Mateos, 1997).

Franco encargó al nuevo Gobierno nombrado en 1957 la redefinición de los Principios del Movimiento, que se concretó en la Ley de 17 de mayo de 1958. Dicha ley establecía la integración definitiva de FET y de las JONS en el Movimiento. El régimen se describía a sí mismo en el texto como una "monarquía tradicional, católica, social y representativa". El caudillaje de Franco quedaba reforzado, ya que él dicta la ley "en presencia de las Cortes", no elaborada y aprobada por ellas. En el último periodo del régimen, sin embargo, los falangistas no cejaron en su crítica a "aquellos que tratando de adueñarse de los resortes del mando del Estado tergiversaban el sentido del Movimiento". Se referían al protagonismo del grupo de tecnócratas pertenecientes al Opus Dei.

La represión continuó, aunque el recurso habitual a la contundente dureza física de los años cuarenta no fue tan frecuente.

Ahora la violencia política se servirá del estado de excepción, mediante el cual se producía la suspensión de los derechos recogidos en el Fuero de los Españoles de 1945, a fin de actuar más eficazmente contra los adversarios del régimen. Franco contó para esa misión con Camilo Alonso Vega, un compañero de la Guerra Civil que había dirigido la Guardia Civil y al que nombró responsable del Ministerio de Gobernación. La preeminencia del Ejército en el monopolio de la violencia se amparaba en la ley marcial, que tuvo vigencia hasta abril de 1947. La propia reglamentación formal de los derechos de los españoles que pretendía ser el Fuero incluía en su contenido la posibilidad de suspender estos mismos derechos. Desde 1956, la práctica de esta suspensión fue nominada estado de excepción, que fue una herramienta útil para la dictadura, en cuanto que ensanchó el margen de sus facultades gubernativas a la hora de reglamentar y supervisar las actividades de los ciudadanos. El estado de excepción podía declararse a todo el territorio nacional o a una provincia. En su acción represiva, las autoridades judiciales o gubernativas recurrían con frecuencia a la violación del domicilio, de la correspondencia, o a la retención de detenidos durante más de 72 horas. La coerción violenta era, pues, discontinua, pero cuando estaba vigente se producía una contundente práctica de la represión.

La protesta estudiantil de 1956 proporcionó al Consejo de Ministros la ocasión idónea para decretar el primer estado de excepción el 10 de febrero. Los universitarios exhibieron sus reivindicaciones en la calle, fuera del recinto del campus. La respuesta no se hizo esperar: se suspendieron por tres meses los artículos 14 y 18 del Fuero de los Españoles, se clausuró la Universidad Complutense y numerosos intelectuales y líderes de tendencias ideológicas diversas fueron detenidos.

El segundo estado de excepción se utilizó para reprimir las huelgas mineras que se produjeron en Asturias en marzo de 1958. A pesar de los cientos de deportados, detenidos y despedidos, no se logró aplacar el espíritu de lucha de los trabajadores (García Piñeiro, 1990). En mayo de 1962, se recurrió a un tercer estado de excepción, que irradió además de Asturias a Guipúzcoa y Vizcaya, con un alcance mayor en la suspensión de los derechos. Desde entonces el País Vasco se vio inmerso en una espiral de violencia, ejercida por las autoridades con mayor ahínco que la aplicada sobre el resto de España, y ello explica en gran medida la consolidación de la organización terrorista ETA, creada tres años antes.

Tras los dos primeros estados de excepción se acometió el fortalecimiento del aparato jurídico coercitivo. Así nació la Ley de Orden Público (LOP), de 30 de julio de 1959, el fruto más relevante de estos cambios. Dicha norma entendía como actos contrarios al orden público las manifestaciones y las reuniones políticas, los paros colectivos, los cierres de empresas o suspensiones ilegales, y todos aquellos actos públicos "por los cuales se propugne, recomiende o provoque la subversión o se haga la apología de la violencia o de cualquier otro medio para llegar a ella". Con la nueva legislación del orden público, la aplicación el estado de excepción pasaba a ser una alteración mínima de la vida cotidiana, puesto que el nuevo texto jurídico se configuraba como una regulación global de la vida de los españoles. Así ocurrió, por ejemplo, con el derecho de inviolabilidad del domicilio, que menguaba en virtud del artículo 11 de la ley, según el cual se autorizaba a la autoridad gubernativa el acceso al domicilio de un individuo sin ningún requisito previo cuando las circunstancias lo demandaran. Por supuesto que era la propia autoridad gubernativa la que decidía el momento en que se producía esa demanda.

La lucha contra cualquier disidencia se completaba con la Ley contra la Rebelión Militar, el Bandidaje y el Terrorismo, de septiembre de 1960, que calificaba como delito de rebelión militar la difusión de "noticias falsas o tendenciosas con el fin de causar trastornos de orden público, conflictos internacionales o desprestigio del Estado, sus instituciones, Gobierno, Ejército o autoridades". También, previo a estas leyes, se había firmado el Decreto de 24 de enero de 1958 que completaba la jurisdicción especial para actividades extremistas de la ley contra la masonería y el comunismo. El tribunal militar instituido para la ocasión, bajo el mando del coronel Enrique Eymar Fernández, adquirió en los años siguientes una siniestra fama por la dureza de sus sentencias.

NUEVOS AIRES, EL MISMO PAISAJE EN LA SOCIEDAD ESPAÑOLA

A pesar de que las reformas en la política económica fueron apreciables en lo que hace a las cifras macroeconómicas, el mundo de la pequeña empresa sufrió las restricciones de créditos y, en el mundo laboral, muchos trabajadores se vieron forzados a emigrar para buscar empleo. Nuevos aires, pero el mismo paisaje social que produjo, entre 1950 y 1970, el cambio de organización demográfica más importante en la historia de España en una doble dirección: de España al extranjero y del campo a la ciudad. El INE informa que, entre las décadas de 1960 y 1970, fueron 3.100.000 los españoles del campo a la ciudad ante todo a Madrid, Barcelona y después al País Vasco. Y unos dos millones emigraron a Europa, y aunque volvieron muchos, estas cifras permiten calcular que casi seis millones de campesinos despueblan los campos entre 1957 y 1975. Las migraciones interiores y el proceso de urbanización aumentaron desde los últimos años de la década de los sesenta. Las regiones que proporcionaron trabajadores a este caudal migratorio fueron principalmente Andalucía, las dos Castillas, Extremadura, Galicia y Murcia. Mientras, el gran capital había logrado duplicar los beneficios entre 1950 y 1954: 130 españoles controlaban el auge de la banca privada a través de 740 empresas, cifra que se duplicaría al final de los sesenta (Cabrera y Del Rey, 2002).

Los cambios en el sistema educativo promovidos por la cartera de Educación con Joaquín Ruiz-Giménez contribuyeron a una mejora de la cualificación profesional. La Ley de Ordenación de la Enseñanza Media (27 de febrero de 1953) establecía dos periodos en el bachillerato, separados por exámenes de grado en tribunales oficiales con participación de profesores de los colegios privados. Se creó la especialización en letras o ciencias en el bachillerato superior, y se abrieron filiales en barrios populares, lo cual logró que este nivel educativo se hiciera más accesible a un mayor número de estudiantes, antes reservado a las clases sociales más acomodadas. Como ha analizado Julio Carabaña, el impulso de la enseñanza secundaria se mantuvo tras la Guerra Civil y sobre todo creció en las décadas de 1950 y 1960, de modo que de un bachillerato que en 1939 solo cursaban un 10 por ciento de los hombres y un 5 por ciento de las mujeres, al final casi de la dictadura, en 1970, ya lo estudiaban cerca de la mitad de todos los jóvenes de ambos sexos. Se completó la escolarización de las hijas de obreros agrarios nacidas a mediados del siglo XX, dato decisivo para comprender los posteriores cambios protagonizados por las mujeres con la conquista de la democracia (Carabaña, 2007). La derrota de la izquierda no supuso borrar sus ideas, por más que la represión lo intentase, y por eso, en unas circunstancias económicas adversas, en las décadas de 1940 y 1950, el "fervor educativo de la izquierda" pudo promover el recurso a la escuela "como estrategia individual de movilidad social tras el fracaso de la estrategia colectiva que fue el intento de revolución", en palabras del citado Carabaña. Fueron los hijos e hijas de clase obrera quienes tuvieron un crecimiento paritario en el bachillerato, mientras que en las demás clases sociales incluso aumentó la diferencia entre sexos en el despegue del bachillerato. En este sentido, cabe señalar que, a partir de la década de 1960, comenzó en España el ciclo de la historia de las mujeres y del ideario feminista como factores determinantes de la construcción de la posterior democracia (Pérez Garzón, 2024a).

La jerarquía católica española intentó presionar al ministro para que retirase el proyecto que hacía peligrar su hegemonía en la enseñanza secundaria. En relación con la enseñanza primaria, en el informe del Banco Internacional de Reconstrucción y Fomento de 1962 se exponía la existencia de muchos niños entre 6 y 11 años que no asistían a la escuela, a pesar de ser obligatoria para esas edades, y atribuía la causa a un problema de falta de escuelas y maestros. La enseñanza oficial solo atendía al 65 por ciento de los niños españoles (Núñez, 2003). Por su parte, la educación profesional se atendió a raíz de la Ley de Formación Profesional Industrial, de 1955.

Los españoles fueron experimentando una mejora en su vida cotidiana y una evolución en el cambio de mentalidad, en el que posiblemente influyó la llegada de turistas que, en 1953, ascendió a 1.700.000 extranjeros. Coincidió con la emergencia de nuevas formas de lucha política y social que impugnaba la dictadura. Las luchas estudiantil y obrera exigían demandas concretas y fueron emprendidas por generaciones ajenas a la Guerra Civil: reivindicaciones económicas de los obreros, aspiración estudiantil a una participación más activa en los órganos de gestión de la universidad...

La vía sindical había sido utilizada por Franco como la más efectista para presentar una apariencia más flexible y aceptable, aunque apenas permitía avances en materia social. Los obreros aprovechaban los pocos resquicios que dejaba la dictadura para mejorar su condición de vida. De este modo, en los conflictos obreros la estrategia de infiltración en el sindicato vertical fue simultánea a las acciones reivindicativas. Por su parte, los grupos económicamente dominantes cedieron a las reivindicaciones de aumentos salariales y mejoras laborales para lograr, en contrapartida, el incremento de los ritmos de trabajo y, por tanto, de la producción.

Por otro lado, la universidad ofrecería, a partir de la crisis de febrero de 1956, una creciente oposición al régimen que había surgido en contestación a un modelo educativo no acorde con las demandas de las nuevas generaciones universitarias y atrofiado por la ausencia de libertades formales. Para la Jefatura del Estado, los conflictos universitarios eran heredados de los "viejos vicios que la universidad arrastraba", en referencia a los avances educativos de la República, ahogados en la medida de lo posible por la dictadura.

La ausencia de libertades formales desde la instauración de la dictadura franquista había relegado la lucha política a la clandestinidad, por lo que se produjo una gran dispersión de las organizaciones políticas y, en ocasiones, la división en el seno de las mismas. La disidencia socialista fue dibujando una frontera cada vez mayor entre la dirección del exterior y del interior. La tendencia de Rodolfo Llopis triunfó en el VII Congreso del partido celebrado en Toulouse en agosto de 1958, y se prohibió a los socialistas del interior la colaboración con los militantes comunistas. La contrafigura de Llopis en el interior fue Antonio Amat, partidario del entendimiento con los grupos antifranquistas, desde los grupos de Tierno y Dionisio Ridruejo hasta los comunistas. Detenido en 1958 bajo la acusación de "reorganizar el PSOE", estuvo encarcelado dos años. El Partido Comunista, por su parte, puso en marcha una política de reconciliación nacional en 1956, coincidiendo con el giro antiestalinista del XX Congreso del Partido Comunista de la Unión Soviética. En el VI Congreso del partido, celebrado en Praga en diciembre de 1959, Santiago Carrillo accedió a la secretaría general del partido. Se forjaron dos sectores en la dirección comunista: el que sobrevaloraba la lucha obrera y opinaba que la crisis económica acabaría con la dictadura, y un sector minoritario que estimaba que era precipitada la organización de un movimiento político de masas. Fernando Claudín, líder de dicho grupo, fue expulsado del PCE.

Las organizaciones de oposición en Cataluña, por su parte, mantenían mejores relaciones entre sí, tanto en el sector de los cristianos (movimiento Cristians Catalans, liderado por Josep Benet y Jordi Pujol; la Democracia Cristiana, dirigida por Antón Cañellas, y la colaboración del abad Escarré, del monasterio de Montserrat), como en el de los socialistas: el Moviment Socialista era partidario de la coordinación de todas las corrientes de la oposición, y el PSUC, que había celebrado su primer congreso en 1956, empezó a tener una fuerte implantación en esos años. Este entendimiento se reforzó a raíz del juicio a Pujol, en 1960, procesado por rebelión militar y condenado a siete años de prisión. A su vez, el proyecto pequeñoburgués de ERC parecía agotado hasta que su secretario en el exilio, Josep Tarradellas, fue elegido presidente de la Generalitat, en agosto de 1954, "gracias a su astucia política" (Riquer y Cullá, 1989).

Durante estos años, el nacionalismo vasco experimentó también cambios importantes. En el exilio, José María de Leizaola fue nombrado para la presidencia del Partido Nacionalista Vasco (PNV), tras el fallecimiento de José Antonio Aguirre en marzo de 1960. En el interior, la mayor parte de los jóvenes que seguían la línea del antiguo Ekin se vincularon, a principios de 1959, en la organización Euskadi ta Askatasuna ("Euskadi y Libertad"), más conocida por su sigla ETA. Esta organización definiría sus principios y objetivos en su I Asamblea, ya en mayo de 1962.

Las agrupaciones de izquierda lograron un protagonismo progresivo en parte gracias a la coexistencia con las asociaciones católicas obreras. Se produjo un proceso de colaboración entre militantes cristianos y marxistas, sobre todo provenientes del PCE. La Hermandad Obrera de Acción Católica (HOAC) y la Juventud Obrera Católica (JOC) orientaron numerosas acciones laborales entre 1956 y 1961. Los únicos actos obreros tolerados por la dictadura fueron las celebraciones del 1.º de Mayo, que eran aprovechadas como plataforma reivindicativa donde los líderes obreros católicos denunciaban la ausencia de libertades, ante lo que las autoridades solían reaccionar ordenando su detención e imponiendo gravosas multas.

CAPÍTULO 3

CLAROSCUROS DEL DESARROLLO ECONÓMICO (1962-1975)

En la propaganda auspiciada por Franco con ocasión de los denominados 25 años de paz se resaltó el desarrollo económico como la mayor contribución del régimen, la que le otorgaba la legitimidad de ejercicio, en palabras de Manuel Fraga Iribarne, ministro de Información y Turismo entre 1962 y 1969. El diseñador de los planes de desarrollo, Laureano López Rodó, que fue ministro entre 1965 y 1974, ha exaltado en sus memorias que los objetivos trazados en su agenda política se cumplieron: la forja de un Estado de derecho monárquico y el desarrollo económico. Según su valoración, aunque estos objetivos se realizaron en una dictadura, fueron un prólogo para la emancipación política de la sociedad española. De esta manera, el régimen sumaría a su legitimación original de vencedores en una guerra civil —a la que el Opus Dei, tendencia del ministro, nunca renunció— la de ser un régimen administrativamente eficaz y económicamente modernizador.

Sin embargo, la naturaleza del crecimiento español no está determinada por la política económica de la dictadura, y los buenos resultados económicos de la década deben ser relacionados con la mejor coyuntura del capitalismo internacional.

Factores externos como el turismo, las inversiones de capital extranjero y las transferencias de los emigrantes son los que contribuyeron a los cambios en la estructura social y en la mejora del nivel de vida, aunque la distribución de los beneficios fue desigual para los distintos grupos sociales y para las rentas de las regiones.

El régimen de Franco buscó siempre la permanencia de la dictadura, aunque para ello tuvo que modificar su apariencia autoritaria. Uno de los pasos más importantes fue la Ley Orgánica del Estado (LOE) en 1966, que modificaba y actualizaba el Fuero del Trabajo, la Ley Constitutiva de las Cortes, el Fuero de los Españoles y la Ley de Sucesión en la Jefatura del Estado. La designación del príncipe Juan Carlos como sucesor de Franco se añadió como una consecuencia natural del deterioro físico del dictador al frente del Estado.

La represión ejercida por la dictadura no cesó hasta el momento de la muerte de Franco. El jefe del Estado aún firmó sentencias de ejecución en 1963 (al comunista Julián Grimau), en 1974 (al anarquista Puig Antich) y en septiembre de 1975, de cinco militantes de ETA y Frente Revolucionario Antifascista y Patriota (FRAP). Durante este periodo se siguió excluyendo a los adversarios, que carecían de derechos para exponer sus reivindicaciones, ya fueran de carácter laboral, estudiantil, regional o eclesiástico. Estas fueron calificadas de subversivas y, como en la etapa fundacional, estuvieron bajo la jurisdicción del Ministerio de la Gobernación, tratadas como conflictos de orden público. El problema más grave con el que se tuvo que enfrentar el régimen fue el del nacionalismo vasco, a partir de la opción violenta que significó la creación de ETA, en 1959. La organización terrorista asesinó al presidente del Gobierno, Luis Carrero Blanco, en un espectacular atentado en 1973.

Con la muerte de Franco, el 20 de noviembre de 1975, no finalizó la dictadura que lleva su nombre. No se puede comparar con la ruptura democrática ocurrida en Italia, en Francia e, incluso, en Alemania tras la Segunda Guerra Mundial, ni con la de Portugal, en la primavera del año anterior. El desajuste entre poder político y poder económico favoreció una transición dirigida por el sector más dinámico de la clase política franquista, mudado a las convicciones democráticas, y con la colaboración de las organizaciones de izquierda, que se habían mostrado incapaces de crear un frente único antifranquista al organizarse por separado en la Junta Democrática y la Plataforma de Convergencia. La censura y la represión, sin duda, contribuyeron a esta división, que por otro lado suponía una demostración de la existencia de debate político en el seno de las organizaciones a pesar de la clandestinidad.

BUENOS TIEMPOS PARA LA ECONOMÍA

En 1958 comenzó a funcionar la Comunidad Económica Europea (CEE), lo que tuvo consecuencias motivadoras para la movilización de las inversiones de capital en los países de la Organización para la Cooperación y el Desarrollo Económico (OCDE). Además de esta coyuntura, el crecimiento español tiene que relacionarse con la evolución demográfica: en 1960, la población llegó a 30,5 millones, y diez años después a 33,9 millones. El descenso del índice de la tasa bruta de mortalidad es una de las causas: por debajo de 9 por mil habitantes a partir de 1960, y de 7,4 por mil en 1982, uno de los índices más bajos en el ámbito europeo y a nivel mundial en esos años. Por otra parte, a la par que se consolidó el crecimiento urbano (66,5 por ciento de la población total en 1970), aumentó la demanda de bienes y servicios. La aplicación de las medidas liberalizadoras de 1959 y la planificación indicativa también fueron beneficiosas. El Plan de Estabilización sentó las bases de una nueva política de liberalización comercial que desarticuló el mecanismo autárquico y posibilitó la integración en las economías de los países de su entorno, especialmente con la CEE. De este modo, en los años sesenta España alcanzó una de las tasas anuales de crecimiento económico más elevadas del mundo (Carreras y Tafunell, 2018). La población activa modificó su estructura a favor de los sectores secundario y de servicios, ya que el sector primario descendió del 41,7 por ciento en 1960 al 29 por ciento en 1970.

El programa económico del Gobierno a través del primero de los Planes de Desarrollo, iniciado en 1964, tuvo resultados desiguales. Se animó la inversión privada, mejoró el sector público y se produjo una mayor integración en el mercado internacional. Sin embargo, no se dedicó atención a las cuestiones sociales ni se erradicaron los desequilibrios regionales. La emigración de la población española no figuró en ninguno de los planes, a pesar de que, a finales de 1969, habían salido del país 3,4 millones de españoles. Entre 1964 y 1975, los Planes de Desarrollo contemplaron la creación de cuatro Polos de Promoción y Desarrollo, localizados en Huelva, Sevilla, Granada y Córdoba, así como la Zona de Preferente Localización Industrial de la bahía de Algeciras. La incidencia en la promoción de nuevas comarcas de expansión industrial no fue relevante.

En diez años el proceso de modernización agraria se extendió rápidamente; se multiplicaron los índices de mecanización y consumo de abonos y fitosanitarios, lo que produjo un aumento significativo de los índices de productividad, de los rendimientos, de la producción y de la renta agraria, que no estuvieron exentos de profundos desajustes entre la oferta y la demanda de productos agrarios. El Estado concedió importantes recursos financieros al Servicio Nacional del Trigo, transformado en 1964 en Servicio Nacional de Cereales, que repartió entre los agricultores en forma de subvenciones.

Fueron las obras de transformación en regadío las que recibieron gran parte de la inversión pública. Durante la planificación indicativa, la cifra de superficie puesta en riego se elevó a 540.630 hectáreas. En términos globales, las cuencas más beneficiadas fueron la del Duero y la del Ebro, sumando ambas casi la mitad de la superficie puesta en regadío, seguidas de las del Guadalquivir, Guadiana y Tajo (Melgarejo, 2000). En la Región de Murcia, el trasvase Tajo-Segura supuso la ampliación de los terrenos dedicados a riego, que pasó a 83.250 ha en 1960, a 103.600 en 1970 y a 136.700 en 1980 (Martínez Carrión, 2002).

La tasa anual de crecimiento del producto industrial bruto fue, entre 1960 y 1974, el doble que la europea (el 11,13 por ciento), lo cual significa que el sector industrial actuó de motor de la expansión económica española. Las industrias químicas, metalúrgicas y de bienes de equipo ocuparon los primeros puestos, relegando a las tradicionales de la minería y el textil. En este cambio estructural influyeron las modificaciones de la demanda: la de los consumidores, la del exterior y la generada por el propio sector industrial (Carreras y Tafunell, 2018).

De igual manera, el sector servicios aumentó a requerimiento del crecimiento industrial, que generó mayores necesidades financieras y de comercialización. Como contrapartida de estos avances, se ahondó en el desequilibrio de la balanza comercial. Las compras al exterior se concretaron en bienes de equipo necesarios para modernizar la infraestructura industrial, además de importaciones de combustibles. La demanda exterior dejó de dirigirse casi exclusivamente a los productos agrarios (cítricos, vinos, aceites) para aproximarse a los industriales. Tres componentes contribuyeron a reducir el déficit comercial: el turismo, el ahorro transferido por los emigrantes y las inversiones extranjeras.

La crisis económica de 1973 puso en evidencia las debilidades de la economía española, emanadas de las condiciones en las que España se había insertado en el capitalismo mundial: mayor dependencia energética española de aprovisionamientos exteriores; fragilidad de muchos sectores y empresas ante la competencia agresiva de nuevos países industriales; un alto grado de intervencionismo del sector público y un mercado de trabajo con rigidez (García Delgado, 1989).

Los movimientos migratorios originaron transferencias de capital humano, de las zonas más pobres a las más ricas, además de importantes remesas que impactaron en las rentas de las familias receptoras y en la economía nacional. Los niveles más altos de renta en 1975 se aglutinaban en cinco provincias españolas: Vizcaya, Álava, Guipúzcoa, Madrid y Barcelona. El 30 por ciento de la población total se concentraba en ellas, y las cinco producían el 39,5 por ciento de la riqueza nacional. En la situación inversa se hallaban otras cinco provincias: Jaén, Badajoz, Lugo, Granada y Cáceres. Mientras tanto, se produjo una concentración del crecimiento industrial en el País Vasco y Cataluña. El punto álgido de los contrastes entre regiones ricas y pobres se alcanzó en 1973: Baleares lideró a las primeras, gracias al auge del turismo, mientras que Extremadura figuraba como el "sur del sur" (Llopis y Zapata, 2001). Por su parte, Cataluña experimentó una notable expansión económica, en parte debida a la escasa importancia del sector público frente al privado.

El crecimiento económico modificó la dimensión y relaciones de los distintos grupos sociales históricos. Uno de los acontecimientos más relevantes fue la incorporación a la clase dominante de una nueva élite vinculada a la banca, a la gran empresa y a los cuerpos más cualificados de la Administración. En 1973, la banca dominaba al menos dos tercios de las 50 mayores compañías industriales del país, por lo que controló la toma de decisiones económicas en ramas industriales tan importantes como la energía eléctrica y nuclear, la química y petroquímica, la siderúrgica, el automóvil, el cemento, la papelera, el vidrio, la azucarera y los propios monopolios públicos como Campsa, Telefónica o Tabacalera (Cabrera y Del Rey, 2002).

El desarrollismo económico, sin embargo, no trajo equilibrio alguno a las profundas desigualdades sociales. En 1970, según las estimaciones de Julio Alcaide (2003), el 1,2 por ciento de los hogares, correspondientes a la minoría más acomodada, recibía el 22,39 de la renta, frente al 52,57 por ciento de los hogares más pobres, que recibía el 21,62 por ciento. En 1972 se llegó a los 1.239 dólares de renta per cápita. En cuanto al nivel educativo, hay que subrayar el descenso significativo de la tasa de analfabetismo. Así, si en 1960 aún había 135,1 analfabetos por cada mil habitantes, la cifra descendió en 1975 al 87,7 por mil.

Pese a las profundas desigualdades sociales y territoriales, el crecimiento económico de la década de 1960 supuso una mejora relativa del nivel de vida de los españoles. Tras casi 20 años de pobreza y escasez, aumentaron el bienestar económico y biológico y los índices de desarrollo humano. Gracias al incremento de la renta per cápita, mejoró la dieta y la calidad de los nutrientes; destacó el aumento de la ingesta de leche y carne, principalmente. La masificación del consumo de productos lácteos constituyó uno de los principales hitos de la transición nutricional española (Collantes, 2020). Con la mejora de la ingesta calórica, de la higiene y la salud, incrementaron la esperanza de vida y la estatura. El bienestar biológico registró uno de los mayores avances de la Europa occidental. La estatura de los españoles exhibió los mayores logros tras el deterioro en la autarquía: incremento 3,7 cm entre 1955 y 1974, y tendió a la convergencia con los países del entorno en las décadas posteriores (Martínez Carrión, 2012).

FRANCO ENMASCARA LA DICTADURA

En los años sesenta, Franco promueve innovaciones institucionales para enmascarar la dictadura. Una de las principales fue el nombramiento de un vicepresidente del Gobierno, que recayó en la persona de Muñoz Grandes, el hombre que supliría al Caudillo en caso de que este se viese impedido para seguir dominando el destino de España. Carrero Blanco permanecía en un puesto que le permitía controlar los resortes del poder como ministro subsecretario de la Presidencia, aunque más adelante accedería al nuevo cargo. La imagen contradictoria de la nueva etapa política la representa Manuel Fraga Iribarne, catedrático de universidad y director del Instituto de Estudios Políticos, nombrado ministro de Información y Turismo. A los pocos meses de tomar posesión de su cargo, promovió la creación del Gabinete de Enlace, una oficina de investigación de las actividades subversivas en la que participaban representantes de los distintos ministerios que quedó adscrita al Ministerio de Información y Turismo. Con el aval de Carrero Blanco, uno de los cambios más importantes fue el nombramiento de Laureano López Rodó como ministro sin cartera responsable del Plan de Desarrollo. Sensibilidades distintas entre los ministros se hicieron notar con el escándalo Matesa, una empresa para el contrabando de divisas. Fraga auspició la transparencia informativa que le permitía hacer responsable del asunto al grupo del Opus Dei en el Gobierno. Algunos exministros fueron procesados: de Hacienda, Juan José Espinosa San Martín; de Comercio, Faustino García-Moncó; y Mariano Navarro Rubio, exministro de Hacienda y gobernador en ese momento del Banco de España. En octubre de 1971, con ocasión del 35 aniversario de su subida al poder, Franco concedió el perdón a los principales responsables del asunto Matesa, aprovechando el indulto global otorgado a 3.000 presos políticos.

En el ámbito de la educación, José Luis Villar Palasí promovió la modernización del viejo sistema educativo español con la Ley General de Educación (BOE, 6 de agosto de 1970), cuya finalidad estribaba en preparar y especializar el capital humano para un mayor desarrollo económico. La ley establecía la enseñanza elemental obligatoria a través de un ciclo de ocho años de escuela: la Enseñanza General Básica. La enseñanza secundaria quedó enmarcada en tres cursos, impartidos en los institutos de enseñanza media, a los que sucedía un curso de estudios preparatorios para la universidad. Esta ofrecería docencia en tres ciclos: el primero, de tres años, para el título de graduado; el segundo, de dos cursos, para la licenciatura, y el tercero de doctorado. Además, se incluían planes para la formación profesional y la enseñanza de adultos. Por primera vez durante la dictadura el porcentaje desviado a Educación (17,7) superó al de Defensa (13,2) en el presupuesto anual de 1973.

En un discurso pronunciado en las Cortes, en septiembre de 1964, Franco planteó una democracia de "nueva planta", que se concretó jurídicamente en un conjunto de leyes dictadas entre 1966 y 1969, una democracia orgánica que seguía suplantando la voluntad popular, pero que "se preparaba para la inmortalidad" (Preston, 1994). En esta coyuntura se aprobó una nueva Ley de Prensa, ratificada en las Cortes el 15 de mayo de 1966, que fue denominada como la ley Fraga. La innovación principal del nuevo marco legal se limitaba a la desaparición de la consulta obligatoria antes de la publicación. De este modo se eliminaba la censura previa (salvo en casos de emergencia nacional), pero no se ganaba en libertad real, dado que se consolidó una suerte de autocensura por temor a incurrir en delito contra la seguridad del Estado, la defensa nacional, el mantenimiento del orden público o la salvaguarda del honor personal y familiar. Así lo prescribía su artículo segundo, que obligaba a respetar los Principios Fundamentales del Movimiento.

El 22 de noviembre de 1966 Franco dictó ante los procuradores en Cortes la Ley Orgánica del Estado (LOE). Entre los aspectos reseñables de este nuevo marco legal, cabe destacar los siguientes: la separación de Jefatura del Estado y Presidencia del Gobierno y la regulación de las relaciones entre la Jefatura del Estado, el Gobierno, las Cortes y el Consejo del Reino y, también, la introducción de la institución de contrafuero (inconstitucionalidad si se atentaba contra los Principios del Movimiento y demás leyes fundamentales). Franco mantenía sus plenas prerrogativas tradicionales, tanto las que arrancaban de los decretos de la guerra como las contenidas en la Ley de Sucesión, al proponer o revocar al sucesor a título de rey, y desempeñaba, a su vez, la Jefatura Nacional del Movimiento con carácter vitalicio. La ley era una victoria más de Carrero para cerrar toda especulación sobre el futuro (Tusell, 1993).

El paquete legislativo anunciado aumentó en 1967 con la Ley de Libertad Religiosa y la de Representación Familiar. Para ajustar sus funciones, el Movimiento también fue objeto de nueva regulación: el Estatuto Orgánico del Movimiento fue aprobado en diciembre de 1968. Atendía la probabilidad de formar asociaciones del Movimiento para defender los intereses profesionales no representados por la Organización Sindical. Estas opciones, sin embargo, no se hicieron efectivas hasta que el Consejo Nacional aprobó, el 3 de julio de 1969, el nuevo Estatuto de Asociaciones, que eran definidas en el texto como "asociaciones de opinión". Los debates sobre el asociacionismo político desembocaron en "un callejón sin salida" (Rivera, 2022). Para que pudiesen ser registradas legalmente se exigían 25.000 firmas. A Franco no tuvo que gustarle el estatuto, pues no lo ratificó. En 1971 dictó una nueva Ley Sindical.

En la llamada democracia orgánica también se promovió una nueva modalidad represiva que modificaba las competencias de la jurisdicción militar. Se trata de la ley aprobada en diciembre de 1963, que ponía en marcha el Tribunal de Orden Público (TOP), una nueva jurisdicción especial que reprimió la libertad entre 1963 y 1977 (Del Águila, 2001). La Jurisdicción de Orden Público (JOP) desarrolló una intensa actividad, si se atiende al volumen de procedimientos incoados en el Juzgado de Orden Público, hasta tal extremo que, en 1972, se creó un segundo JOP y se duplicó la plantilla de magistrados del TOP. El total de procedimientos incoados fue de 22.660, y se dictaron 3.798 sentencias, de las que solo un 25 por ciento fueron absolutorias. Los procedimientos incoados afectaron directa o indirectamente a más de 50.600 personas, aunque no todas estuvieron imputadas ni todas las que fueron procesadas terminaron sentenciadas, ya que muchas de las causas acabaron sobreseídas y archivadas por falta de pruebas. En los juicios del TOP intervinieron 1.407 abogados defensores, mayormente comprometidos con la democracia e incluso militantes de la oposición, de modo que cada juicio se convirtió en un bumerán contra la dictadura. Porque no se limitaron a la defensa individual de sus representados, sino a la denuncia de la naturaleza política del TOP, por lo que algunos de ellos también fueron víctimas de la represión de este tribunal.

JUAN CARLOS, EL SUCESOR PARA LA NUEVA MONARQUÍA

La incómoda y agria relación que Franco mantuvo siempre con don Juan hizo que su atención se desviara hacia el príncipe Juan Carlos como su sucesor en la Jefatura del Estado, a pesar de que don Juan no renunció nunca a sus derechos como legítimo sucesor. Mientras los monárquicos legitimistas emprendían la operación Jubileo a favor de don Juan, se gestaba la operación Salmón, denominación en clave utilizada por Carrero y López Rodó, para la promoción de la candidatura del príncipe, considerado como el mejor candidato para la restauración monárquica (Tusell, 1995).

Finalmente, Franco designó al príncipe Juan Carlos como su sucesor a título de rey, y presentó su propuesta a las Cortes el 22 de julio de 1969, mediante una ley especial que sería votada favorablemente por 491 procuradores, 19 en contra y 9 abstenciones. Al día siguiente, el príncipe juró oficialmente lealtad a Franco y a sus leyes fundamentales. Este acontecimiento ocasionó una crisis familiar; las relaciones entre padre e hijo se enfriaron durante varios meses, a pesar de los intentos de Juan

Carlos por entablar comunicación. En 1974 ocupó durante unas semanas la Jefatura del Estado cuando Franco sufrió una flebitis a comienzos de julio, de la que se recuperaría a finales de agosto, arrebatándole al príncipe de forma humillante los poderes delegados. La segunda vez que le ofrecieron la interinidad coincidió con el agravamiento irreversible de la enfermedad de Franco. Juan Carlos aceptó la Jefatura del Estado cuando dispuso de todos los poderes. El 22 de noviembre de 1975 tuvo lugar en las Cortes la ceremonia en que Juan Carlos fue proclamado rey. En su discurso hizo una alusión especial a su padre. El problema por la sucesión dinástica quedó zanjado con la abdicación de don Juan, en mayo de 1977.

CARRERO BLANCO, LA ALTERNATIVA TRUNCADA

Carrero era vicepresidente del Gobierno desde el 21 de septiembre de 1967, tras el cese en pleno verano de Muñoz Grandes. Se ocupó con esmero de que las modificaciones institucionales afrontaran los cambios sucesorios sin sobresaltos. Si la nueva normativa del 15 de julio de 1972 reconocía la autoridad del monarca sobre el Gobierno en el momento de la sucesión, también permitía al vicepresidente asumir los poderes del presidente del Gobierno en caso de que la Jefatura del Estado quedara vacante sin que se hubiese planeado previamente el nombramiento de un nuevo presidente. La situación de orden público, agravada por una manifestación del 1.º de Mayo en Madrid, ocasionó una crisis de gobierno en 1973, en la que Franco tomó la iniciativa de la separación de la Jefatura del Estado y del Gobierno. En junio, Franco nombró para la presidencia del Gobierno a Carrero, que acababa de cumplir 69 años (Castellanos, 2023). Se produjo así un acontecimiento insólito: era la primera vez en la historia de la dictadura que el jefe del Estado no estaba a la cabeza del Ejecutivo y se reestructuraba un Gobierno bajo la presidencia de Carrero Blanco. Durante los últimos años al frente del Gobierno, Carrero tuvo que arrostrar el empeoramiento del orden público y la que consideraba una actitud inexplicable de parte de la jerarquía eclesiástica, sobre todo la vasca, que se concretó en la carta conjunta, publicada por el obispo de San Sebastián y el administrador apostólico de Bilbao, que atacaba la naturaleza de los tribunales militares y denunciaba la violencia de la represión. Por eso no cedió jamás ni a la más mínima propuesta de liberalización de la dictadura, y extremó la dureza de la represión. Quizá por esto su muerte, debida al atentado perpetrado por ETA el 20 de diciembre, ocasionó una fuerte conmoción en los círculos oficiales y una crisis de gobierno (Tusell, 1993).

Franco nombró a Carlos Arias Navarro para ocupar la presidencia. Persona muy identificada con la extrema derecha, hizo su primer discurso programático el 12 de febrero, mostrando cuatro decisiones: retirada del proyecto de Ley de Régimen Local que impedía la elección de alcaldes y presidentes de Diputación; la promesa de reformular en las Cortes un nuevo régimen de incompatibilidades; el desarrollo de la Ley Sindical; y, en cuarto lugar, la redacción de un estatuto de derecho de asociación, una reforma imposible (Pinilla, 2023). En realidad, estas tibias medidas calificaron la intervención como "el espíritu del 12 de febrero", cuando la etapa iniciaba realmente un "tiempo de incertidumbre" (Tusell y Queipo de Llano, 2003). Su intolerancia hacia cualquier crítica le llevó a enfrentarse con la jerarquía eclesiástica, tras decidir la detención domiciliaria del obispo de Bilbao, monseñor Añoveros. Por otro lado, la situación del orden público requirió una nueva Ley Antiterrorista en el verano de 1975, que recuperó los consejos de guerra sumarísimos y la pena de muerte sin apelación para los responsables de las muertes de miembros de las Fuerzas de Orden Público. La dura normativa se aplicó a 11 militantes de ETA y del FRAP acusados de la muerte de tres policías, y el 27 de septiembre fueron ejecutados cinco de ellos, mientras que a los seis restantes se les conmutó la condena. Fueron las últimas sentencias de muerte firmadas por Franco, que falleció el 20 de noviembre de 1975.

HACIA UN FRENTE COMÚN DE LA DISIDENCIA

De forma simultánea a la reactivación de la economía, surgieron movilizaciones laborales en la mayor parte del país, auspiciadas por el cambio generacional y una nueva conciencia sindical que se forjó en la negociación colectiva de los convenios, aunque no fuera el objetivo del régimen franquista, que para evitarlo remodeló la legislación represiva para nuevas jurisdicciones especiales, entre las que destaca, a partir de 1963, el citado Tribunal de Orden Público (TOP).

Las discrepancias y debilidad de la oposición se constataron en la reunión que tuvo lugar en Múnich, en junio de 1962, convocada por el Movimiento Europeo para estudiar la futura integración de España en Europa. Acudieron representantes españoles del interior y del exilio, con exclusión de los comunistas, y redactaron una resolución moderada a favor de las libertades políticas y sindicales, en la que no se aludía a la forma del Estado que presidiría un Gobierno democrático como alternativa a la dictadura. En sus intervenciones públicas, Franco calificó siempre esta reunión como el "contubernio" de Múnich (Morodo, 2001). Una de las consecuencias positivas de esta reunión fue la interpretación de que el régimen de Franco no era un Estado de derecho, sin referencia a la legitimidad del Gobierno de la República en el exilio. Este, por su parte, pasaba por su etapa de supervivencia más precaria, que finalizó en junio de 1977, tras las primeras elecciones democráticas en España que se celebraron sin la participación de los partidos republicanos (Alted, 2005). Durante la transición se silenció la legalidad institucional republicana y su legitimidad apenas fue esgrimida.

El PCE mantuvo la política de reconciliación nacional y, a pesar del fracaso de la convocatoria de huelga nacional pacífica de 1958, se inclinó por la formación de alianzas con otras fuerzas políticas para luchar contra la dictadura. Sin embargo, en el seno de la organización hubo una intensa discrepancia que culminó en 1964 con la expulsión de Fernando Claudín y de Jorge Semprún, enfrentados a Santiago Carrillo, portavoz de la ortodoxia comunista, que años más tarde se transformaría en una visión más abierta conocida como eurocomunista, de influencia italiana.

El éxito de la renovación del PSOE fue posible gracias al apoyo del SPD (Partido Socialdemócrata de Alemania), organización dirigida por Willy Brandt. Aunque desde mediados de los años sesenta dos tendencias luchaban por el control del partido, en octubre de 1974, en el Congreso de Suresnes, se consolidó la alternativa socialista del sector liderado por Felipe González y Alfonso Guerra, que ofreció un programa pragmático para conquistar el poder político en consonancia con la izquierda representada por la socialdemocracia alemana (Mateos, 1997).

En el ámbito laboral español, a semejanza del europeo, el objetivo principal de la gran proliferación de huelgas fue la mejora de las condiciones de vida y trabajo; no era, por tanto, un objetivo revolucionario abocado a la disolución del sistema económico capitalista. En España, los conflictos fueron en aumento desde 1963 a 1970, año en el que se producen 1.595, lo que representa casi el doble de las huelgas de los años anteriores, a pesar de la persecución represora. A partir de 1962, el foco de la protesta fue la zona minera asturiana, y se extendió a Cataluña, Andalucía y el País Vasco. En la configuración y desarrollo de estos conflictos se formaron comisiones elegidas en asamblea por los trabajadores para negociar directamente con los empresarios sin la intervención del sindicalismo franquista. Fue el origen de Comisiones Obreras (CCOO). La estrategia seguida por los dirigentes de salir de la clandestinidad y presentarse públicamente como representantes de CCOO ocasionó su indefensión: así ocurrió con Marcelino Camacho, uno de los líderes fundadores de la organización y miembro de la coordinadora estatal, detenido en 1972 y sentenciado junto a otros miembros en el juicio conocido como el Proceso 1001, que impuso penas sin proporción al "delito" de asociación ilícita. Nicolás Sartorius, que compartió prisión en varias ocasiones con Marcelino Camacho, ha escrito del líder de CCOO que simbolizaba a una clase obrera que se enfrentaba a un régimen que negaba sus derechos (Fernández Toxo, 2010).

A pesar de la heterogeneidad en la disidencia sindical, en 1975 se concretó una experiencia de unidad entre CCOO y la Unión Sindical Obrera (USO), que presentaron a las elecciones sindicales candidaturas unitarias y lograron un gran éxito, especialmente en Asturias. Posteriormente, CCOO mantuvo una estrategia de ruptura en la lucha política, actitud que se desvaneció con la firma de los acuerdos de la Moncloa de 1977. A su vez, en la Unión General de Trabajadores (UGT) se produjo la renovación en 1971, al ocupar los cargos de la ejecutiva militantes del exilio y del interior, con el liderazgo de Ramón Rubial y Nicolás Redondo. Cinco años después, el cambio de estrategia se ganó el apoyo de los trabajadores y convirtió a UGT en una sólida opción sindical que se ofrecía a negociar con los demás sindicatos, todos aún ilegales, para luchar contra la Organización Sindical y lograr la deseada ruptura sindical.

Así, pues, en los años setenta, las acciones de casi todos los grupos convergieron hacia un objetivo político común: la desaparición del régimen y la instauración de las libertades democráticas como único escenario posible para la consecución de sus reivindicaciones. Hubo una excepción en esta convergencia: la organización ETA, que optó por la lucha armada contra el régimen, que mantuvo una vez muerto Franco como expresión de su nacionalismo radical. ETA se autodefiniría, a partir de 1967, como "movimiento socialista vasco de liberación nacional", denominación que conservaría a pesar de las escisiones de los años setenta. El juicio de Burgos contra militantes de ETA aumentó el apoyo social en el País Vasco y reforzó la organización política. Por otra parte, el golpe mortal contra Carrero Blanco el 20 diciembre de 1973 fue la acción más estridente de la organización terrorista, que le otorgó cierta popularidad incluso entre la izquierda antifranquista, aunque pronto se disipó. Durante la transición, y tras la amnistía de 1977, una de las fracciones de ETA que abandonó la lucha armada constituyó la coalición Euskadiko Ezkerra.

NUEVAS FORMAS DE REIVINDICAR LA LIBERTAD

La lucha contra el franquismo adoptó nuevas formas a partir de los años sesenta, ya que la reivindicación de la mejora de las condiciones laborales, universitarias o vecinales quedó ligada a la consecución de derechos democráticos. Las aspiraciones comunes confluyeron en una acción colectiva interclasista que exigía la satisfacción de las necesidades surgidas con el desarrollo económico, lo que desconcertó a las autoridades de la dictadura por la intensidad de las movilizaciones sociales que se desplegaron en los distintos frentes. Desde 1965 el movimiento obrero y el universitario se convirtieron en un factor constante de conflictividad que, a veces, llevaron a cabo acciones conjuntas solidarias.

La universidad española se convirtió, entre los años 1965 y 1967, en un espacio de protesta y de actividades culturales que contaban con el apoyo de profesores, algunos de los cuales, de igual manera que los estudiantes, fueron expedientados y expulsados de la universidad. Los catedráticos sancionados fueron Mariano Aguilar Navarro, José Luis Aranguren, Agustín

García Calvo, Santiago Montero Díaz y Enrique Tierno Galván. Esta represión fue denunciada en la carta de protesta dirigida por 1.161 intelectuales al ministro de Información y Turismo, Manuel Fraga. Por otro lado, una de las acciones de mayor represión estudiantil fue la creación del Sindicato Democrático de Estudiantes de la Universidad de Barcelona (SDEUB), en un congreso que se celebró en marzo de 1966 en el convento de los Padres Capuchinos de Sarrià. Esta iniciativa se extendió al resto de universidades a partir de 1967. La protesta estudiantil significó para muchos alumnos el primer encuentro con la política, así como un cambio de actitud en sus acciones personales y en su percepción de las injusticias provocadas por la dictadura. La percepción por parte del régimen se resume en la expresión empleada por Carrero Blanco en un discurso a las Cortes en 1969, quien consideraba que los estudiantes estaban "envenenados de cuerpo y alma" (Álvarez Cobelas, 2004). La represión interrumpió definitivamente la vida académica de muchos universitarios y repercutió también en su entorno familiar.

Los profesores no numerarios (PNN), a través del denominado movimiento de *penenes*, protagonizaron la protesta universitaria a partir de 1970, que aumentó en 1975, mediante una huelga que duró cinco meses en algunos centros de las universidades de Barcelona, durante los cuales enlazó con otras acciones de los maestros y del profesorado de la enseñanza media. En general, tanto los profesores como los médicos, abogados, periodistas, actores y técnicos de diversas especialidades constituyeron asociaciones representativas de sus respectivos sectores, e incluso participaron en las elecciones para entrar en las juntas de los colegios profesionales (Nicolás y Alted, 1999). Uno de los movimientos más combativos fue el de los maestros, impulsado por una generación que no había participado en la guerra y que reivindicaba libertad y aplicación de nuevos métodos didácticos para renovar una enseñanza atrasada, que la reforma impulsada por Ley General de Educación de 1970 no había logrado erradicar. En enero de 1973, cerca de 100.000 maestros paralizaron sus actividades docentes para conseguir la mejora de los salarios. Utilizaron la táctica de la asamblea para decidir democráticamente, y de este modo se constituyó un movimiento asambleario plural, que se convertiría en el único interlocutor para negociar con el ministerio.

De igual manera, los médicos reivindicaron ante el Instituto Nacional de Previsión —integrado en el Ministerio de Trabajo, pues no existía el de Sanidad— un sistema sanitario digno y la mejora de las condiciones laborales. La protesta estalló a partir de 1973 entre los médicos internos y residentes (MIR), alentada por el PCE y CCOO, y el movimiento se desarrolló en todo el ámbito nacional. La huelga general que se prolongó entre mayo y junio de 1975 fue el periodo de plenitud de la movilización de los médicos, ya que se paralizó la atención hospitalaria. La represión fue contundente: expulsar a todos los MIR, orden rectificada unos días después, aunque se mantuvo la expulsión de 72 médicos, muchos de los cuales no reingresaron hasta junio de 1976.

La rebeldía también socavó los propios pilares en los que se había apoyado la dictadura: la Iglesia y el Ejército. Los curas que denunciaban en sus sermones asuntos de índole política o social fueron multados o sufrieron encarcelamientos y juicios. Pocos obispos se quejaron por semejante trato, tal vez porque las críticas de los curas se dirigían tanto a la jerarquía eclesiástica como a la civil. De hecho, a partir de 1968, gracias al acuerdo entre Estado e Iglesia, se creó la cárcel concordataria de Zamora, en cuyos muros fueron recluidos muchos curas, bastantes de ellos vascos. El nombramiento de Antonio Añoveros para la sede de Vizcaya y el de José María Setién como obispo auxiliar de Guipúzcoa entrañó la negación de permiso para juzgar a los curas, y ellos mismos criticaron la ausencia de libertades ciudadanas. En 1974, una homilía de monseñor Añoveros, calificada como subversiva, ocasionó su arresto domiciliario y el destierro de su diócesis, que Añoveros se negó a abandonar, con la amenaza de excomulgar a los que pretendieran forzarlo, ya que contaba con el apoyo del primado, el cardenal Vicente Enrique y Tarancón. A excepción de este caso, la represión a sacerdotes no tuvo resonancia en la prensa, también sometida a censura. Sin embargo, el control no dejó de ejercerse, como demuestra un informe de 1973, en el que los técnicos del Gabinete de Enlace llevaron a cabo una "radiografía urgente" del episcopado por si era necesaria para "ayudar a una posible acción quirúrgica" (Ysàs, 2004).

En el seno del Ejército hubo oficiales (la mayoría capitanes y comandantes de los tres Ejércitos, de la Guardia Civil y de la Policía Armada) que constituyeron, en agosto de 1974, la Unión Militar Democrática (UMD), cuyo principal objetivo fue la lucha por la transformación política del país en un régimen democrático. Las autoridades militares respondieron con severidad: 13 de los oficiales fueron detenidos y 9 juzgados, encarcelados y expulsados del Ejército. En junio de 1977, después de las primeras elecciones democráticas, la organización se disolvió en Barcelona. Los militares segregados fueron readmitidos 11 años después, aunque solo en la reserva.

Por su parte, la actividad de las primeras asociaciones de vecinos estuvo enfocada a la consecución de unos equipamientos sociales dignos, pero la intolerancia de los ayuntamientos fue lo que transformó la reivindicación ciudadana en enfrentamiento con las autoridades. A su vez, las asociaciones de vecinos apoyaron los conflictos obreros de las empresas ubicadas en su barrio, y fueron habituales asambleas conjuntas para resistir en las huelgas y ayudar a los despedidos. Era lógica esta colaboración, ya que, en los primeros pasos de las asociaciones vecinales, fue el movimiento obrero y los partidos políticos los que impulsaron la orientación del movimiento ciudadano, que tuvo su gran expansión a partir de 1970. La mayoría de los alcaldes recibieron estas asociaciones como "un instrumento al servicio de intereses bastardos y pregón de una ideología contraria a toda política constructiva" (Domènech, 2002). Sus líderes fueron perseguidos por la policía y muchas veces detenidos o encarcelados por sus reivindicaciones.

En conjunción con las restantes movilizaciones sociales, el movimiento feminista se fue configurando al reivindicar específicamente los derechos de la mujer que habían sido suspendidos por la dictadura de Franco. La legislación española no permitía a la mujer casada autonomía jurídica, ya que incluso necesitaba el permiso del marido para disponer de sus propios bienes. Tampoco podía ejercer cargos como magistrado, juez o fiscal. Durante los años sesenta, las nuevas reglamentaciones de trabajo y ordenanzas laborales dejaron de contener cláusulas de despido por matrimonio. Así, las trabajadoras que se casaban ya podían elegir entre continuar en su trabajo, tomarse una excedencia temporal (de uno a cinco años) para dedicarse a la familia o, por último, acogerse a una excedencia permanente, con la consiguiente indemnización.

A su vez, las mujeres llenaban cada año de modo creciente las aulas universitarias, lo que favoreció la eliminación de prohibiciones que les impedía ejercer como magistradas, jueces y fiscales. También contribuyó a que adquirieran un mayor protagonismo en el mundo literario y social, ejemplificado en las figuras de Carmen Martín Gaite, Ana María Matute y Mercè Rodoreda, entre otras. Sin embargo, la novela rosa de Corín Tellado destacó entre las lectoras, de modo que, "en dicho éxito, se expresaba una cierta rebelión contra el modelo patriarcal e incluso la exteriorización pública del afán de libertad sexual" (Pérez Garzón, 2024a).

Su participación en la oposición al régimen fue simultánea a reclamar la igualdad de derechos con los hombres, para lo cual las mujeres comprometidas tuvieron que actuar en dos frentes impregnados de la cultura patriarcal: convencer a las propias mujeres y a los compañeros de lucha y exigir a las autoridades políticas. Sin embargo, la lucha antifranquista fue lo esencial en su actividad, hasta el punto de que se evitó la denominación de feminista para referirse al movimiento de mujeres. Las agrupaciones que se fueron extendiendo por el territorio español no siempre coincidieron en los objetivos y en los medios para conseguirlos. A iniciativa de simpatizantes del PSUC, se constituyó en 1965 en Barcelona la primera Asamblea Democrática de Mujeres, la cual, impulsada por el PCE, se unió a otros grupos similares en el país, formando el Movimiento Democrático de Mujeres. Es cierto, sin embargo, que los partidos de izquierda querían la movilización de las mujeres, pero no tanto su emancipación. En diciembre de 1975, las Jornadas de Madrid conformaron los cimientos del movimiento feminista español, que se afianzó paulatinamente en todo el país durante los años de la transición a la democracia.

EPÍLOGO

LA MUERTE DE FRANCO Y EL FINAL DE LA DICTADURA

El 1 de octubre de 1975, trigésimo noveno aniversario de su acceso a la Jefatura del Estado, tuvo lugar la última aparición pública de Franco en la plaza de Oriente, el escenario siempre preferido para convocar a sus adeptos y recibir sus aclamaciones. En esta ocasión fue para contrarrestar la oleada mundial de protestas, con el papa Pablo VI a su frente, que se había desencadenado por la ejecución de 5 de las 11 sentencias de muerte dictadas por consejos de guerra a finales de septiembre.

Con evidentes dificultades de dicción por su avanzada enfermedad de Parkinson, en su discurso se refirió por última vez a los enemigos de España: la conspiración masónica y la agitación comunista. Además, en su último escrito, que tenía mucho de testamento político, advertía a los españoles para que estuvieran alerta, puesto que esos mismos enemigos también lo estaban. Quería así legar esa actitud de "centinela de Occidente" como la huella imborrable de su régimen, para que nada se cambiara tras su muerte. Tras una larga agonía, falleció el 20 de noviembre, y a su funeral no acudió ningún jefe de Estado importante, aparte del dictador chileno, el general Augusto Pinochet (Preston, 1994).

La muerte de Franco, sin embargo, no significó el fin del régimen dictatorial. Sesma ha calificado la España franquista como "ni una, ni grande, ni libre" (2024).

La transición a la democracia no se inició con la desaparición del dictador, a pesar de que se hiciera cargo de la Jefatura del Estado la persona que había designado como su heredero, el rey Juan Carlos. El joven monarca desempeñaría más tarde un papel importante, pero en aquellos momentos su apariencia como estadista era tímida y suscitaba desconfianza en muchos de los sectores politizados. Según Tusell (2005), el rey no deseaba alinearse ni con los que querían el mantenimiento del sistema ni con los que luchaban por una ruptura total. El presidente del Gobierno que había dejado Franco a su muerte, Carlos Arias Navarro, aspiraba a prolongar la dictadura añadiendo un maquillaje reformista en el que apenas creía, atrapado como estaba en su integrismo político. Sin embargo, los cambios propuestos por el Gobierno que presidía se debieron más a la iniciativa de Manuel Fraga que a la suya. Pero la reforma de Fraga, que dirigía el Ministerio de la Gobernación con rango de vicepresidente, se encauzó más al control del orden público que al cambio institucional. Los graves sucesos de Vitoria, en marzo de 1976, con un balance de cinco muertos, y la intensa oleada de huelgas que los habían precedido, afianzaron la continuidad frente a una incierta reforma que tampoco había aspirado a la quiebra total del régimen.

El rey destituyó a Arias Navarro en julio de 1976 y nombró para sustituirle a Adolfo Suárez, una persona con la que conectaba generacionalmente y con quien iba a protagonizar la ruptura del legado franquista e iniciar el proyecto de reformas que facilitarían la transición a la democracia. En esta empresa hay que resaltar el papel fundamental que llevó a cabo la disidencia forjada en la lucha contra la dictadura. Durante los ocho meses que trascurren desde la muerte de Franco hasta el nombramiento de Suárez, la izquierda opositora reforzó su lucha por la democracia, reivindicando la amnistía política y los derechos sindicales y políticos. Las movilizaciones se producían para conquistar la modernidad social que estaba extendida en los países que integraban en ese momento la Europa comunitaria (Sartorius y Sabio, 2007).

Adolfo Suárez abrió un proceso reformista que culminó el 18 de noviembre de 1976, cuando las Cortes aprobaron la Ley para la Reforma Política. Dicha norma recibió un apoyo extraordinario de la sociedad española, que la ratificó con el 95 por ciento de los votos en un referéndum celebrado el 15 de diciembre. El éxito electoral fortaleció la convicción de que el triunfo del cambio se había hecho desde el poder, gracias al protagonismo exclusivo de las autoridades reformistas. Sin embargo, la Ley para la Reforma Política no garantizaba en su articulado un hecho político tan relevante como que pudieran concurrir a las elecciones todas las fuerzas políticas existentes en la sociedad española, ni aseguraba que las elecciones permitieran realmente la libre expresión de la voluntad popular. Por otro lado, en los planes del Gobierno Suárez no figuraba la negociación con la oposición, y mucho menos la legalización del PCE y el PSUC. Los acontecimientos dramáticos sucedidos al iniciarse el año 1977 (atentado contra los abogados de Atocha, entre otros) fueron determinantes para que Suárez desplegara su agenda de reuniones a fin de atender las exigencias de la oposición y así asegurar unas elecciones realmente democráticas. La legalización de los comunistas, cuya organización había sido la más activa e importante en la oposición antifranquista, se produjo finalmente el 9 de abril de 1977. En el cambio de actitud del Gobierno influyó la apoteósica manifestación que se produjo en Madrid tras el asesinato de los abogados del despacho laboralista de Atocha, los cuales también eran militantes o simpatizantes comunistas (Ysàs, 2010).

La presión de la calle influyó en la toma de decisiones de los dirigentes políticos a lo largo del proceso de negociación que culminaría en una nueva legalidad definitivamente apartada de la dictadura. Ciertas investigaciones históricas han concluido que los responsables políticos de la evolución del régimen eran conscientes de una realidad fundamental: el papel que estaba desempeñando la oposición en el desgaste de las estructuras del sistema, un sistema en crisis, con dificultades para reprimir los distintos frentes de la disidencia que se manifestaba en conflictos sociales cada vez más numerosos desde los años sesenta (Nicolás y González, 2009).

Las elecciones del 15 de junio de 1977 aseguraron la fase inicial de transición a la democracia, y sus resultados posibilitaron la apertura de un proceso constituyente que culminó con la aprobación de la Constitución de 1978. En muchos textos, la transición a la democracia ha sido un proceso calificado impropiamente como "milagroso", y también se ha subrayado su carácter modélico. El curso de la historia no incumbe solo a los altos responsables políticos, a los que se suele mitificar cuando los acontecimientos que han promovido o facilitado concluyen en un final de éxito. En un amplio y complejo periodo de cambio político como fue el final de la dictadura y la consolidación de la democracia, sobresale el papel desempeñado por la acción colectiva, auspiciada por las organizaciones políticas y sindicales, que movilizó a muchos españoles que formulaban sus reivindicaciones a instituciones que perseveraban en la negación de los derechos y libertades ciudadanos, y que mantenía a España ajena a las democracias occidentales. No se trata de sustituir la contribución de los dirigentes políticos por la actividad de asociaciones, grupos opositores y nuevos movimientos sociales que lucharon por construir un sistema democrático. La historia es una disciplina crítica frente a la memoria que es más selectiva, aunque necesaria, y en todo caso ajustada a la heterogeneidad de cualquier pasado. Como ha defendido Pérez Garzón (2024b), "la construcción de una memoria democrática se aposenta en la paradoja de la pluralidad social y en el deber de renunciar a una memoria única que borre todas las demás". Porque el deber del historiador es siempre crítico para, en consecuencia, aportar visiones complejas del pasado que fomenten la tolerancia y acepten la diversidad cultural y política del mundo.

BIBLIOGRAFÍA

ÁGUILA, J. J. del (2001): *El TOP. La represión de la libertad (1963-1977)*, Planeta, Barcelona.

AGUILAR FERNÁNDEZ, P. (1993): *Memoria y olvido de la Guerra Civil española*, Alianza, Madrid.

ALCAIDE INCHAUSTI, J. (2003): *Evolución económica de las regiones y provincias españolas en el s. XX*, Editorial Fundación Banco Bilbao Vizcaya Argentaria, Bilbao.

ALTED VIGIL, A. (2005): *La voz de los vencidos. El exilio republicano de 1939*, Aguilar, Madrid.

ALTED VIGIL, A.; NICOLÁS MARÍN, E. y GONZÁLEZ MARTELL, R. (1999): *Los niños de la guerra de España en la Unión Soviética. De la evacuación al retorno, 1937-1999*, Fundación Largo Caballero, Madrid.

ÁLVAREZ-CHILLIDA, G. y NERÍN, G.(eds.) (2018): "Introducción. Guinea Ecuatorial: el legado de la colonización española", *Ayer*, 109, pp. 13-32.

ÁLVAREZ COBELAS, J. (2004): *Envenenados de cuerpo y alma. La oposición universitaria al franquismo en Madrid (1939-1970)*, Siglo XXI, Madrid.

ÁLVAREZ JUNCO, J. (2022): *Qué hacer con un pasado sucio*, Galaxia Gutenberg, Barcelona.

Angosto Vélez, P. L. (2018): *Diccionario del franquismo. Protagonistas y cómplices*, Comares, Granada.

Arco Blanco, M. A. del (2007): *Hambre de siglos. Mundo rural y apoyos sociales del franquismo en Andalucía Oriental (1936-1951)*, Comares Historia, Granada.

— (2018): "La corrupción en el franquismo. El fenómeno del "Gran Estraperlo", *Hispania Nova: Revista de historia contemporánea*, 16, pp. 620-645.

Babiano Mora, J. (1995): *Emigrantes, cronómetros y huelgas. Un estudio sobre el trabajo y los trabajadores durante el franquismo, 1951-1977*, Fundación 1º de Mayo, Madrid.

Babiano Mora, J. y Fernández Asperilla, A. (2009): *La patria en la maleta. Historia social de la emigración española a Europa*, Fundación 1º de Mayo, Madrid.

Barciela, C. (ed.) (2003): *Autarquía y mercado negro. El fracaso económico del primer franquismo, 1939-1959*, Crítica, Barcelona.

— (2023): *Con Franco vivíamos mejor. Pompa y circunstancia de cuarenta años de dictadura*, Los Libros de la Catarata, Madrid.

Barciela, C. y López Ortiz, I. (2000): "La política de colonización del franquismo: un complemento de la política de riegos", en C. Barciela Lópes y J. Melgarejo Moreno (eds.), *El agua en la Historia de España*, Universidad de Alicante, Alicante.

Barroso, A (2001): "Iglesia vasca, una Iglesia de vencedores y vencidos. La represión del clero vasco durante el franquismo", *Ayer*, 43, pp. 87-109.

Bastida, F. J. (1986): *Jueces y franquismo. El pensamiento político del Tribunal Supremo en la Dictadura*, Ariel, Barcelona.

Bernal García, F. (2010): *El sindicalismo vertical. Burocracia, control laboral y representación de intereses en la España franquista (1936-1951)*, Centro de Estudios Políticos y Constitucionales, Madrid.

Blázquez, F. (1991): *La traición de los clérigos en la España de Franco. Crítica de una intolerancia (1936-1975)*, Trotta, Madrid.

BORDERÍAS, C. (1993): *Entre líneas. Trabajo e identidad femenina en la España contemporánea. La Compañía Telefónica (1924-1980)*, Icaria, Barcelona.

BOTTI, A. (1992): *Cielo y dinero. El nacional-catolicismo en España (1881-1975)*, Alianza, Madrid.

CABRERA, M. y DEL REY, F. (2002): *El poder de los empresarios. Política e intereses económicos en la España contemporánea (1875-2000)*, Taurus, Madrid.

CARABAÑA, J. (2007): "El desarrollo del bachillerato durante el franquismo", en VV AA, *Lo que hacen los sociólogos: homenaje a Carlos Moya*, CSIC, Madrid, pp. 595-628.

— (2016): *Ricos y pobres*, Los Libros de la Catarata, Madrid.

CARDONA, G. (2001): *Franco y sus generales. La manicura del tigre*, Temas de Hoy, Madrid.

CARRERAS ARES, J. J. y RUIZ CARNICER, M. A. (eds.) (1991): *La Universidad española bajo el régimen de Franco (1939-1975)*, Institución Fernando el Católico, Zaragoza.

CARRERAS, A. y TAFUNELL, X. (2018): *Entre el imperio y la globalización. Historia económica de la España contemporánea*, Crítica, Barcelona.

CASANOVA, J. (1996): *La iglesia de Franco*, Temas de Hoy, Madrid.

— (ed.) (2015): *40 años con Franco*, Crítica, Barcelona.

CASTELLANOS, J. A. (2023): *Carrero Blanco. Historia y memoria*, Los Libros de la Catarata, Madrid.

CATALÁN, J. (1995): *La economía española y la Segunda Guerra Mundial*, Ariel, Barcelona.

CAZORLA SÁNCHEZ, A. (2000): *Las políticas de la victoria. La consolidación del nuevo Estado franquista (1938-1953)*, Marcial Pons, Madrid.

CENARRO LAGUNAS, Á. (2006): *La sonrisa de Falange: Auxilio social en la guerra civil y en la posguerra*, Crítica, Barcelona.

COBO ROMERO, F. y ORTEGA LÓPEZ, T. (2003): "La protesta de unos pocos. El débil y tardío surgimiento de la protesta laboral y la oposición democrática al régimen franquista en

Andalucía oriental, 1951-1976", *Historia Contemporánea*, 26, pp. 113-160.

Collantes, F (2020): "Calidad alimentaria, transición nutricional y capitalismo lácteo en España (1965-1990)", *Ayer*, 118, pp. 283-315.

Collantes, F. y Pinilla, V. (2019): *¿Lugares que no importan? La despoblación de la España rural desde 1900 hasta el presente*, Prensas Universitarias de Zaragoza, Zaragoza.

Chuliá, E. (2001): *El poder y la palabra. Prensa y poder político en las dictaduras. El régimen de Franco ante la prensa y el periodismo*, Biblioteca Nueva-UNED, Madrid.

Delgado, J. (2005): *Los grises. Víctimas y verdugos del franquismo*, Temas de Hoy, Madrid.

Domènech Sampere, X. (2002): *Quan el carrer va deixar de ser seu. Moviment obrer, societat civil i canvi pilític. Sabadell (1966-1976)*, Publicacions l'Abadia de Montserrat, Barcelona.

Domínguez Martín, R. (2002): *La riqueza de las regiones. Las desigualdades económicas regionales en España, 1700-2000*, Alianza, Madrid.

Egea Bruno, P. M. (1996): "Los huérfanos de la revolución y la guerra. Una institución franquista en la Cartagena postbélica", *Cuadernos de Historia Contemporánea*, 18, Madrid.

Elorza, A. (2001): *Un pueblo escogido. Génesis, definición y desarrollo del nacionalismo vasco*, Crítica, Barcelona.

Espinosa Maestre, F. (ed.) (2010): *Violencia roja y azul. España, 1936-1950*, Crítica, Barcelona.

Febo, G. (2002): *Ritos de guerra y de victoria en la España franquista*, Desclée, Bilbao.

— (2016): "Franco y el nacionalcatolicismo: la construcción del carisma religioso", en E. Moradiellos (dir.), *Las caras de Franco. Una revisión histórica del caudillo y su régimen*, Siglo XXI, Madrid.

Fernández Toxo, I. (2010): "Una vida en defensa de los trabajadores", *El País*, 30 de octubre.

Ferrer Benimelli, J. A. (coord.) (1996): *La masonería en la España del siglo XX*, Cortes de Castilla-La Mancha, Toledo, 2 vols.
Folguera, P. (1995): "La construcción de lo cotidiano durante los primeros años del franquismo", *Ayer*, 19.
Fontana, J. (1987): "Algunas consideraciones sobre las grandes etapas de la economía europea en el siglo XX", en J. Nadal, A. Carreras y C. Sudrià (eds.), *La economía española en el siglo XX*, Ariel, Barcelona.
Fusi, J. P. (coord.) (2001): *La época de Franco (1939-1975). Sociedad, vida y cultura*, Espasa-Calpe, Madrid.
— (2017): *Espacios de libertad. La cultura española bajo el franquismo y la reinvención de la democracia*, Galaxia Gutenberg, Barcelona.
García, A. (2010): *Historia del Sáhara y su conflicto*, Los Libros de la Catarata, Madrid.
García Delgado, J. L. (ed.) (1989): *El primer franquismo. España durante la Segunda Guerra Mundial*, Siglo XXI, Madrid.
— (dir.) (1999): *España, Economía: ante el siglo XXI*, Espasa-Calpe, Madrid.
García-Nieto París, M. C. (1990): "Marginalidad, movimientos sociales, oposición al franquismo. Palomeras, un barrio obrero de Madrid, 1950-1980", en J. Tusell, A. Alted y A. Mateos (eds.), *La oposición al régimen de Franco*, UNED, Madrid.
García Piñeiro, R. (1990): *Los mineros asturianos bajo el franquismo (1937-1962)*, Fundación 1º de Mayo, Madrid.
Garrido Caballero, M. (2014): "La oposición al franquismo en la Región de Murcia: de la clandestinidad a la Transición", en M. E. Nicolás (coord.), *Historia Contemporánea de la Región de Murcia*, Editum, Murcia, pp. 315-347.
— (2022): "El exilio infantil de la Guerra Civil española en la URSS y México: Ayuda internacional, experiencias de vida y legados", *El Futuro del Pasado: revista electrónica de historia*, 13, pp. 421-450.

Gómez Bravo, G. (2020): "Venganza tras la victoria. La política represiva del franquismo (1939-48)", en A. Viñas (ed.), *En el combate por la historia*, Pasado y Presente, Barcelona, pp. 575-586.

Gómez Westermeyer, J. F. (2003): "Delincuencia y represión en Murcia durante la posguerra", V Encuentro de Investigadores del Franquismo, Albacete.

González Madrid, D. (2007): *Los hombres de la Dictadura. Personal político franquista en Castilla-La Mancha, 1939-1945*, Almud, Ciudad Real.

González Madrid, D. y Ortiz Heras, M. (coords.) (2020): *El Estado del bienestar entre el franquismo y la Transición*, Sílex, Madrid.

— (coords.) (2021): *Violencia franquista y gestión del pasado traumático*, Sílex, Madrid.

González Martínez, C. (1997): "Sobrevivir a la represión franquista: condiciones de vida y trabajo de represaliados murcianos", IV Jornadas de Historia y Fuentes Orales: Historia y Memoria del Franquismo (1936-1978), Ávila.

González Martínez, C. y Nicolás Marín, E. (2001): "Españoles en los bajos pirineos: exiliados republicanos y diplomáticos franquistas ante franceses y alemanes (1939-1945)", *Anales de Historia Contemporánea*, 17, pp. 639-660.

— (2016): "Rojos y azules españoles en la Unión Soviética", *Historia Actual Online*, 40(2), pp. 7-28.

González Portilla, M. y Garmendia, J. M. (1988): *La posguerra en el País Vasco: política, acumulación y miseria*, Krisel, Donostia.

Gracia Arce, B. (2014): *Trayectoria política e intelectual de Mariano Ruiz-Fune: República y exilio*, Editum, Murcia.

Gracia García, J. y Ruiz Carnicer, M. A. (2001): *La España de Franco (1939-1975). Cultura y vida cotidiana*, Síntesis, Madrid.

Grimaldos, A. (2004): *La sombra de Franco en la Transición*, Oberón, Madrid.

Guillén Lorente, C. (2020): "Adoctrinamiento moral durante el franquismo: un estudio comparado de los centros del

Patronato de Protección a la mujer en Segovia y Sevilla", *Historia Actual Online*, 52(2), pp. 57-70.

Hernández Sandoica, E.; Ruiz Carnicer, M. A. y Baldó Lacomba, M. (2007): *Estudiantes contra Franco (1939-1975). Oposición política y movilización juvenil*, La Esfera de los Libros, Madrid.

Herrerín López, A. (2004): *La CNT durante el franquismo. Clandestinidad y exilio (1939-1975)*, Siglo XXI, Madrid.

Juliá, S. (coord.) (2005): *Víctimas de la guerra civil*, Planeta, Barcelona.

Lanero Táboas, M. (1996): *Una milicia de la justicia: la política judicial del franquismo (1936-1945)*, Centro de Estudios Constitucionales, Madrid.

Llopis, E. y Zapata, S. (2001): "El 'sur del sur'. Extremadura en la era de la industrialización", en L. Germán *et al.* (eds.), *Historia económica regional de España. Siglos XIX y XX*, Crítica, Barcelona.

López García, B. (1995): *Aproximación a la historia de la HOAC, 1946-1981*, Ediciones HOAC, Madrid.

Mainer, J. C. y Juliá, S. (2000): *El aprendizaje de la libertad, 1973-1986. La cultura de la Transición*, Alianza, Madrid.

Marín Gómez, I. (2004): *El laurel y la retama en la memoria. Tiempo de posguerra en Murcia, 1939-1952*, Universidad de Murcia, Murcia.

Marín i Corbera, M. (2000): *Catalanisme, clientelisme i franquisme. Josep Maria de Porcioles*, Societat Catalana d'Estudis Històrics, Barcelona.

Marín Marín, J. (coord.) (2002): *Tiempos de esparto. Memoria gráfica. Cieza Siglo XX*, Ateneo de Cieza, Cieza (Murcia).

Marquina, A. (1986): *España en la política de seguridad occidental, 1939-1989*, Ed. Ejército, Madrid.

Martín Aceña, P. (2001): *El oro de Moscú y el oro de Berlín*, Taurus, Madrid.

Martín Aceña, P. y Comín, F. (1991): *INI, 50 años de industrialización en España*, Espasa-Calpe, Madrid.

Martín García, Ó. (2008): *A tientas con la democracia. Movilización, actitudes y cambio en la provincia de Albacete, 1966-1977*, Los Libros de la Catarata, Madrid.

Martínez Carrión, J. M. (2002): *Historia económica de la Región de Murcia*, Editora Regional de Murcia, Murcia.

— (2012): "La talla de los europeos, 1700-2000. Ciclos, crecimiento y desigualdad", *Investigaciones de Historia Económica - Economic History Research*, 8(3), pp. 176-187.

Martínez Carrión, J. M.; Cámara, A. D. y Ramón-Muñoz, J. M. (2018): "Nutrición y desigualdad en el largo plazo: ¿qué enseña la historia antropométrica sobre España?", *Nutrición Hospitalaria*, 35 (Extra-5), pp. 1-10.

Martínez Carrión, J. M.; Nicolás Marín, E. y María-Dolores, R. (2017): "Estatura y desigualdad regional en Italia y España. Una perspectiva histórica", en F. Comín, R. Hernández y J. Moreno (eds.), *Instituciones, políticas, comportamientos sociales y atraso económico en España (1580-2000)*, Ed. Universidad de Salamanca, Salamanca, pp. 81-107.

Martínez Ovejero, A. (2015): *Peligrosos e indeseables para la Causa Nacional: los vencidos de la guerra civil en la Región de Murcia, 1939-48: una visión regional con proyección nacional*, tesis inédita, Universidad de Murcia.

— (2023): "La represión franquista contra las mujeres en la Región de Murcia", *Revista Memoria antifranquista del Baix Llobregat*, 23.

Martínez Soler, J. A. (2024): *Franco para jóvenes*, Los Libros de la Catarata, Madrid.

Mateos, A. (1997): *Las izquierdas españolas desde la guerra civil hasta 1982. Organizaciones socialistas, culturas políticas y movimientos sociales*, UNED, Madrid.

Melgarejo Moreno, J. (2000): "De la política hidráulica a la planificación hidrológica. Un siglo de intervención del Estado", en C. Barciela y J. Melgarejo (eds.), *El agua en la Historia de España*, Publicaciones Universidad de Alicante, Alicante.

MIR CURCÓ, C. (ed.) (2002): *La represión bajo el franquismo*, Marcial Pons, Madrid.
— (2000): *Vivir es sobrevivir. Justicia, orden y marginación en la Cataluña rural de posguerra*, Milenio, Lérida.
MOLINERO, C. (1998): "Mujer, franquismo, fascismo. La clausura forzada en un mundo pequeño", *Historia Social*, 30, pp. 97-117.
MOLINERO, C. e YSÀS, P. (2010): *Els anys del PSUC. El partit de l'antifranquisme (1956-1981)*, L'Avenç, Barcelona.
— (2017): *De la hegemonía a la destrucción. El Partido Comunista de España*, Crítica, Barcelona.
MOLINERO, C.; SALA, M. y SOBREQUÉS, J. (eds.) (2003): *Una inmensa prisión. Los campos de concentración y las prisiones durante la guerra civil y el franquismo*, Crítica, Barcelona.
MONTERO GARCÍA, F. (2000): *La acción católica y el franquismo: auge y crisis de la acción católica especializada en los años sesenta*, UNED, Madrid.
MORADIELLOS, E. (dir.) (2016): *Las caras de Franco. Una revisión histórica del caudillo y su régimen*, Siglo XXI, Madrid.
MORALES LEZCANO, V. (1980): *Historia de la no beligerancia española durante la Segunda Guerra Mundial*, Cabildo, Las Palmas.
MORCILLO GÓMEZ, A. (2015): *En cuerpo y alma. Ser mujer en tiempos de Franco*, Siglo XXI, Madrid.
MORENO FONSERET, R. (1994): *La autarquía en Alicante (1939-1952)*, Institut de Cultura Juan Gil-Albert, Alicante.
MORENO JULIÁ, X. (2004): *La división Azul. Sangre española en Rusia, 1941-1945*, Crítica, Barcelona.
MORENO SECO, M. (1999): *La quiebra de la unidad. Nacional-catolicismo y Vaticano II en la diócesis de Orihuela-Alicante, 1939-1975*, Institut de Cultura Juan Gil-Albert, Alicante.
MORENTE VALERO, F. (1997): *La escuela y el nuevo Estado. La depuración del Magisterio Nacional (1936-1943)*, Ámbito Ediciones, Valladolid.
MORODO, R. (2001): *Atando cabos. Memorias de un conspirador moderado* (1), Taurus, Madrid.

Nadal, J.; Carreras, A. y Sudrià, C. (eds.) (1987): *La economía española en el siglo XX. Una perspectiva histórica*, Ariel, Barcelona.

Naredo, J. M. (2004): *La evolución de la agricultura en España*, Universidad de Granada, Granada.

Nash, M. (2013): *Represión, resistencias, memoria. Las mujeres bajo la dictadura franquista*, Comares, Granada.

Nicolás Marín, E. (1982): *Instituciones murcianas en el franquismo, 1939-1962*, Editora Regional de Murcia, Murcia.

— (2005): *La libertad encadenada. España en la dictadura franquista, 1939-1975*, Alianza, Madrid.

— (2007) "La Transición se hizo en los pueblos. La vida política en Murcia, 1968-1977", en R. Quirosa-Cheirouze (coord.), *Historia de la Transición en España: los inicios del proceso democratizador*, Biblioteca Nueva, Madrid.

Nicolás Marín, E. y Alted Vigil, A. (1999): *Disidencias en el franquismo*, DM, Murcia.

Nicolás Marín, E. y González Martínez, C. (eds.) (2009): *Mundos de ayer. Investigaciones históricas contemporáneas de la AHC*, Editum, Murcia.

Núñez, C. (2003): "El capital humano en el primer franquismo", en C. Barciela (ed.), *Autarquía y mercado negro. El fracaso económico del primer franquismo, 1939-1959*, Crítica, Barcelona.

Núñez Díaz-Balart, M. (2003): *Mujeres caídas. Prostitutas legales y clandestinas en el franquismo*, Oberón, Madrid.

Núñez Seixas, X. M. (2006): "¿Eran los rusos culpables? Imagen del enemigo y políticas de ocupación de la División Azul en el frente del Este, 1941-1944", *Hispania*, LXVI(223), pp. 695-675.

Ortega López, T. (2003): *Del silencio a la protesta. Explotación, pobreza y conflictividad en una provincia andaluza, Granada, 1936-1977*, Universidad de Granada, Granada.

— (ed.) (2015): *Jornaleras, campesinas y agricultoras: la historia agraria desde la perspectiva de género*, PUZ, Zaragoza.

Ortiz Heras, M. (1996): *Violencia política en la II República y el primer franquismo*, Siglo XXI, Madrid.
— (2005): "Iglesia y control social. De controladora a controlada", en A. L. López Villaverde y J. Cueva Merino (coords.), *Asociacionismo católico y clericalismo en la España contemporánea*, UCLM, Cuenca.
— (ed.) (2009): *Culturas políticas del nacionalismo español. Del Franquismo a la Transición*, Los Libros de la Catarata, Madrid.
— (2013): *La violencia política en la dictadura franquista 1939-1977. La insoportable banalidad del mal*, Editorial Bomarzo, Albacete.
— (coord.) (2018): *¿Qué sabemos del franquism? Estudios para comprender la Dictadura de Franco*, Comares, Granada.
Pardo Sanz, R. M. (2003): "La política norteamericana", *Ayer*, 49, pp. 13-53.
Pérez Garzón, J. S. (2022): *Historia de las izquierdas en España*, Los Libros de la Catarata, Madrid.
— (2024a): *Historia del feminismo. La revolución de las mujeres: de la Ilustración a la Globalización*, Los Libros de la Catarata, Madrid.
— (2024b): "La Historia y la Memoria democrática: reflexiones y retos para su docencia", en J. Pich Mitjana, M. Rodrigo y R. Arnabat (eds.), *Història, Memòria i Patrimoni. Entre Clio i Mnemòsine*, Ikaria, Barcelona, pp. 43-78.
Pérez Garzón, J. S. *et al.* (2000): *La gestión de la memoria: la historia de España al servicio del poder*, Crítica, Barcelona.
Pérez Ledesma, M. (1994): "Una dictadura 'por la gracia de Dios'", *Historia Social*, 20, pp. 173-194.
Pérez Moreda, V.; Reher, D. S. y Sanz, A. (2015): *La conquista de la salud: mortalidad y modernización en la España contemporánea*, Marcial Pons, Madrid.
Pérez Pérez, J. A. (2001): *Los años del acero. La transformación del mundo laboral en el área industrial del Gran Bilbao (1958-1977). Trabajadores, convenios y conflictos*, Biblioteca Nueva, Madrid.

Pinilla García, A. (2023): *Arias Navarro y la reforma imposible (1973-1976)*, Los Libros de la Catarata, Madrid.

Portero Rodríguez, F. y Pardo R. (1999): "Las relaciones exteriores como factor condicionante del franquismo", *Ayer*, 33(1), pp. 188-218.

Prada Rodríguez, J. (2010): *La España masacrada. La represión franquista de guerra y posguerra*, Alianza Editorial, Madrid.

Prados de la Escosura, L. (2003): *El progreso económico de España, 1850-2000*, Fundación BBVA, Madrid.

Preston, P. (1994): *Franco, "Caudillo de España"*, Grijalbo, Barcelona.

— (2003): *Juan Carlos. El rey de un pueblo*, Plaza & Janés, Barcelona.

— (2020): *El triunfo de la democracia. De Franco a Felipe González pasando por Juan Carlos*, Debate, Barcelona.

Quirosa-Cheyouze, R. y Fernández Amador, M. (eds.) (2018): *Poder y Transición en España: las instituciones políticas en el proceso democratizador*, Biblioteca Nueva, Madrid.

Raguer, H. (2001): *La pólvora y el incienso. La Iglesia y la guerra civil española (1936-1939)*, Península, Barcelona.

Riquer Permanyer, B. (1997): *El último Cambó. 1937-1947*, Grijalbo, Barcelona.

Riquer Permanyer, B. y Cullá, J. B. (1989): "El Franquismo i la Transició Democràtica (1939-1988)", en P. Vilar (dir.), *Història de Catalunya, vol. VII*, Edicions 62, Barcelona.

Rivera, A. (2022): *Historia de las derechas en España*, Los Libros de la Catarata, Madrid.

Rodrigo, J. (2003): *Los campos de concentración franquistas, entre la historia y la memoria*, Siete Mares, Madrid.

— (2005): *Cautivos. Campos de concentración en la España franquista, 1836-1947*, Crítica, Barcelona.

Rodríguez Barreira, O. (2008): *Migas con miedo. Prácticas de resistencia al primer franquismo. Almería, 1939-1953*, Ed. Universidad de Almería, Almería.

Rodríguez Jiménez, J. L. (2024): *Bajo el manto del Caudillo. Nazis, fascistas y colaboracionistas en la España franquista*, Alianza, Madrid.

Romeu, F. (2002): *Más allá de la utopía: Agrupación Guerrillera de Levante*, Universidad de Castilla-La Mancha, Cuenca.

Ruiz, D. (dir.) (1993): *Historia de Comisiones Obreras (1958-1988)*, Siglo XXI, Madrid.

Ruiz Carnicer, M. A. (1996): *El Sindicato Español Universitario (SEU), 1938-1965*, Siglo XXI, Madrid.

Sabio Alcutén, A. (2024): *Excomunistas. De la Revolución a la Guerra Fría cultural: Joaquín Maurín (1896-1973)*, Galaxia Gutenberg, Barcelona.

San Román, E. (1999): *Ejército e Industria. El nacimiento del INI*, Crítica, Barcelona.

Sánchez-Albornoz, N. (2003): "Cuelgamuros: presos políticos para un mausoleo", en C. Molinero, M. Sala y J. Sobrequés (eds.), *Una inmensa prisión. Los campos de concentración y las prisiones durante la guerra civila y el franquismo*, Crítica, Barcelona.

Sánchez López, R. y Nicolás Marín, E. (1993): "Sindicalismo vertical franquista: la institucionalización de una antinomia (1939-1977)", en D. Ruiz, *Historia de Comisiones Obreras (1958-1988)*, Siglo XXI, Madrid.

Sánchez Recio, G. (1996): *Los cuadros políticos intermedios del régimen franquista, 1936-1959: Diversidad de origen e identidad de intereses*, Institut de Cultura Juan Gil-Albert, Alicante.

Sánchez Recio, G. y Tascón, J. (eds.) (2003): *Los empresarios de Franco. Política y economía en España, 1936-1957*, Crítica, Barcelona.

Sanz Díaz, B. (2002): *Rojos y demócratas. La oposición al franquismo en la Universidad de Valencia, 1939-1975*, Feis y Albatros, Valencia.

Sartorius, N. y Sabio, A. (2007): *El final de la Dictadura. La conquista de la democracia en España, noviembre de 1975-junio de 1977*, Temas de Hoy, Madrid.

SAZ, I. (2003): *España contra España. Los nacionalismos franquistas*, Marcial Pons, Madrid.
— (ed.) (2007): "Crisis y descomposición del franquismo", *Ayer*, 68.
SAZ, I. y GÓMEZ RODA, A. (eds.) (1999): *El franquismo en Valencia. Formas de vida y actitudes sociales de posguerra*, Episteme, Valencia.
SESMA, N. (2024): *Ni una, ni grande, ni libre. La dictadura franquista*, Crítica, Barcelona.
SEVILLANO CALERO, F. (2000): *Ecos de papel. La opinión de los españoles en la época de Franco*, Biblioteca Nueva, Madrid.
SILVA, E. *et al.* (coords.) (2004): *La memoria de los olvidados. Un debate sobre el silencio de la represión franquista*, Ámbito, Valladolid.
SOTO CARMONA, A. (1998): "Huelgas en el franquismo. Causas laborales, consecuencias políticas", *Historia Social*, 30, pp. 39-61.
SUEIRO, S. (2003): "La política mediterránea", *Ayer*, 49, pp. 185-202.
TORTELLA, G. y GARCÍA RUIZ, J. L. (2003): "Banca y política durante el primer franquismo", En G. Sánchez Recio y J. Tascón Fernández (eds.), *Los empresarios de Franco: Política y economía en España, 1936-1957*, Crítica, Barcelona, pp. 67-100.
TUSELL, J. (1992): *Franco en la guerra civil. Una biografía política*, Tusquets, Barcelona.
— (1993): *Carrero. La eminencia gris del régimen de Franco*, Temas de Hoy, Madrid.
— (1995): *Juan Carlos I. La restauración de la Monarquía*, Temas de Hoy, Madrid.
TUSELL, J. y QUEIPO DE LLANO, G. (2003): *Tiempo de incertidumbre. Carlos Arias Navarro entre el franquismo y la Transición (1973-1976)*, Crítica, Barcelona.
VALCÁRCEL, A. (2019): *Ahora, feminismo: cuestiones candentes y frentes abiertos*, Cátedra, Madrid.

Vega, R. (coord.) (2002): *El camino que marcaba Asturias. Las huelgas de 1962 en España y su repercusión internacional*, Ediciones Trea, Oviedo.

Vilanova, F. (2001): "Franquismo y disidencias de derechas: entre la vigilancia y la represión en los campos regionalista y juanista", *Ayer*, 43.

Vilar Ramírez, J. B. (2000): "La descolonización española en África", en *La política exterior de España en el siglo XX*, Biblioteca Nueva, Madrid.

Villares, R. (2021): *Exilio republicano y pluralismo nacional: España, 1936-1982*, Marcial Pons, Madrid.

Vinyes, R. (2001): "'Nada os pertenece'. Las presas políticas de Barcelona, 1939-1945", *Revista Historia Social*, 39.

Vinyes, R.; Armengou, M. y Belis, R. (2002): *Los niños perdidos del franquismo*, Plaza & Janés, Barcelona.

Viñas, A. (2003): *En las garras del águila. Los pactos con Estados Unidos, de Francisco Franco a Felipe González (1945-1995)*, Crítica, Barcelona.

— (1981): *Los pactos secretos de Franco con Estados Unidos. Bases, ayuda económica, recortes de soberanía*, Grijalbo, Barcelona.

Viñas, A. y Hernández Sánchez, F. (2022): *El desplome de la República*, Crítica, Barcelona.

Ysàs, P. (2004): *Disidencia y subversión. La lucha del régimen franquista por su supervivencia, 1960-1975*, Crítica, Barcelona.

— (2010): "La Transición española. Luces y sombras", *Ayer*, 79.

Yusta Rodrigo, M. (2001): *La guerra de los vencidos. El maquis en el Maestrazgo turolense, 1940-1950*, Institución Fernando el Católico, Zaragoza.